La eficacia frente a terceros del retracto voluntario

FERNANDO DÍAZ VALES

LA EFICACIA FRENTE A TERCEROS DEL RETRACTO VOLUNTARIO

Dykinson, S. L.

Colección "Monografías de Derecho Civil"
Dirección de D. Mariano Yzquierdo Tolsada

Este libro ha sido sometido a evaluación por parte de nuestro Consejo Editorial
Para mayor información, véase www.dykinson.com/quienes_somos

Editorial DYKINSON, S.L. Meléndez Valdés, 61 - 28015 Madrid
Teléfono (+34) 91 544 28 46 - (+34) 91 544 28 69
e-mail: info@dykinson.com
http://www.dykinson.es
http://www.dykinson.com

ISBN: 978-84-1122-622-6
Depósito Legal: M-24688-2022

Maquetación:
german.balaguer@gmail.com

ÍNDICE

ABREVIATURAS

AC	Aranzadi Civil.
ATS	Auto del Tribunal Supremo.
CC	Código Civil.
CCCat	Libro V del Código Civil de Cataluña relativo a los derechos reales, aprobado por Ley 5/2006, de 10 de mayo.
CCo	Código de Comercio.
CDFA	Código del Derecho Foral de Aragón aprobado por Decreto Legislativo 1/2011, de 22 de marzo.
CDFN	Compilación del Derecho Civil Foral de Navarra aprobada por Ley 1/1973, de 1 de marzo.
CE	Constitución Española.
CLJC	Colección Legislativa de España. Jurisprudencia Civil. Ministerio de Justicia.
JUR	Base de datos Aranzadi Digital.
LA LEY	Base de datos La Ley Digital.
LAR	Ley 49/2003, de 26 de noviembre, de Arrendamientos Rústicos.
LAU	Ley 29/1994, de 24 de noviembre, de Arrendamientos Urbanos.
LCDV	Ley 5/2015, de 25 de junio, de Derecho Civil Vasco.
LDI	Ley 20/2003, de 7 de julio, de Protección Jurídica del Diseño Industrial.
LEC	Ley 1/2000, de 7 de enero, de Enjuiciamiento Civil.
LEF	Ley de 16 de diciembre de 1954 sobre expropiación forzosa.
LH	Ley Hipotecaria.
LMa	Ley 17/2001, de 7 de diciembre, de Marcas.

LPat	Ley 24/2015, de 24 de julio, de Patentes.
LPH	Ley 49/1960, de 21 de julio, sobre Propiedad Horizontal.
LTPS	Ley 11/1988, de 3 de mayo, de Protección Jurídica de las topografías de los productos semiconductores.
OEPM	Oficina Española de Patentes y Marcas.
PCC	Propuesta de reforma del Código Civil de la Asociación de Profesores de Derecho Civil.
RDGRN/RRDGRN	Resolución/es de la Dirección General de los Registros y del Notariado.
RDGSJFP	Resolución de la Dirección General de Seguridad Jurídica y Fe Pública.
RH	Reglamento Hipotecario.
RJ	Repertorio de Jurisprudencia Aranzadi.
RRGPI	Reglamento del Registro General de la Propiedad Intelectual aprobado por Real Decreto 281/2003, de 7 de marzo.
RRM	Reglamento del Registro Mercantil aprobado por Real Decreto 1784/1996, de 19 de julio.
SAP/SSAAPP	Sentencia/s de la/s Audiencia/s Provincial/es.
STS/SSTS	Sentencia/s del Tribunal Supremo.
STSJ	Sentencia del Tribunal Superior de Justicia.
TRLAU	Texto Refundido de la Ley de Arrendamientos Urbanos aprobado por Decreto 4104/1964, de 24 de diciembre.
TRLS	Texto Refundido de la Ley de Suelo y Rehabilitación Urbana aprobado por Real Decreto Legislativo 7/2015, de 30 de octubre.
TRLSC	Texto Refundido de la Ley de Sociedades de Capital aprobado por Real Decreto Legislativo 1/2010, de 2 de julio.

I. INTRODUCCIÓN

El presente trabajo versa sobre la eficacia *erga omnes* u oponibilidad del derecho de retracto constituido mediante negocio jurídico –no sólo contractual, como se verá a continuación–, con la finalidad de determinar en qué condiciones y en cumplimiento de qué requisitos es posible el ejercicio por su titular frente a terceros, más concretamente frente al adquirente del bien o derecho sobre el que recae, con exigencia de la transmisión de su titularidad en el caso de negativa de éste, o a los sucesivos subadquirentes, en caso de que el bien haya sido transmitido a su vez por el inicial adquirente –si bien ha de reconocerse que, habida cuenta de los plazos generalmente breves de ejercicio del derecho, será este un supuesto poco frecuente–.

El interés de la investigación planteada viene determinado por la carencia de una expresa solución normativa a la misma, como tendremos ocasión de comprobar, en el Derecho común (y en la mayoría de Derechos civiles forales)[1]; laguna que, de otro lado, no ha recibido una respuesta o tratamiento uniforme y en ningún caso concluyente tanto por parte de la doctrina científica como, principalmente, de la jurisprudencia y de la doctrina administrativa de la Dirección General de los Registros y del Notariado –en adelante, DGRN[2]– en las diversas resoluciones que, como la paradigmática y relevante STS 13 mayo 2009 (*RJ* 2009/4744)[3], han recaído sobre el supuesto de hecho objeto de estudio.

---

[1] La necesidad de delimitación del marco en que se deberían desenvolver los derechos de adquisición preferente voluntaria, por la inseguridad que ofrece en la actualidad, es puesta de manifiesto por SERRANO DE NICOLÁS, A.: "Los derechos reales a los 130 años de vigencia del Código Civil", en *Diario La Ley*, nº 9497, 14 octubre 2019.

[2] Rebautizada como Dirección General de Seguridad Jurídica y Fe Pública (en adelante, DGSJFP) por el art. 2.1.A).1º.c) del RD 139/2020, de 28 de enero.

[3] Ponente: Excmo. Sr. Jesús Corbal Fernández.

Concretamente, el objeto principal del litigio al que puso fin fue la oponibilidad de un derecho de retracto –también denominado de adquisición preferente por las partes y el tribunal– incluido como cláusula decimocuarta en un contrato de arrendamiento de industria o negocio (que no fue

Para llevar a cabo esta tarea, con carácter previo (apartado II) comenzaremos por delimitar de forma más precisa el derecho a través de la descripción de sus caracteres y efectos, contrastándolo adicionalmente con otras figuras jurídicas afines o análogas a fin de ilustrarnos sobre las semejanzas y diferencias entre ellas de cara a la determinación, si es posible, de una normativa supletoria aplicable en la medida en que pueden arrojar luz a nuestra labor, cuestión a la que dedicaremos el apartado III.

Será en el siguiente apartado, que constituye el núcleo del estudio, en el que se intentará determinar cuáles son las condiciones generales en que se produce la oponibilidad al adquirente del retracto. Para ello, habida cuenta de que se trata de un derecho de adquisición preferente, acudiremos primordialmente a dos coordenadas:

- de un lado, como principio cardinal, el carácter real o personal del derecho con atención a la exigencia de unos específicos requisitos de válida constitución del derecho necesarios para que pueda operarse aquélla, que se abordarán en el epígrafe V;

- de otro, la alteración de dicha regla por razón de la concurrencia o no de publicidad registral del derecho, derivada de su inscripción en el Registro de la Propiedad y demás Registros de bienes con efectos civiles, cuestión que será tratada en el último capítulo.

---

inscrito en el Registro de la Propiedad) para el supuesto de que el arrendador vendiera el inmueble objeto del arrendamiento, un local sede del negocio.

La controversia se suscitó como consecuencia de que, vendido en su totalidad el edificio (que constituía la finca registral) en cuyo sótano se hallaban dicho local y negocio, las partes vendedora y compradora se negaron a reconocer el derecho de retracto ejercitado por el arrendatario. Como se analizará, la sentencia declaró la eficacia frente a ambos de la preferencia adquisitiva, si bien consideró irrealizable su efectividad práctica como consecuencia de la imposibilidad de fijación del precio que había de abonar el titular del derecho –deficiencia que no podía ser suplida por el juzgador–, circunstancia derivada a su vez de la falta de coincidencia entre el objeto sobre el que recaía el derecho y el de la enajenación.

II. CONCEPTO DE RETRACTO VOLUNTARIO. DISTINCIÓN DE OTRAS FIGURAS

1. CONCEPTO, CARACTERES Y EFECTOS

A diferencia de lo que acontece con el Derecho catalán, no ofrecen una definición legal del retracto voluntario ni el Derecho común ni el resto de Derechos civiles forales o especiales[4].

A pesar de tal imprevisión, no hay inconveniente en caracterizar el retracto voluntario como el derecho –atípico– que, con origen en la voluntad negocial de los particulares, confiere a su titular (retrayente) una facultad de adquirir una situación jurídico real, es decir, de hacerse transmitir la titularidad dominical de un bien o derecho, concurriendo ciertos requisitos y efectuando las contraprestaciones correspondientes una vez (y sólo entonces) que el dueño actual ha enajenado onerosa o gratuitamente[5] el bien sobre el que recae con

---

[4] Así, la única norma civil que contiene una específica definición legal del retracto voluntario es el art. 568-1.1 del Libro V del Código Civil de Cataluña, aprobado por Ley 5/2006, de 10 de mayo (en adelante, CCCat), enunciativo de los diversos *derechos de adquisición voluntaria*, cuyo apartado c) dispone que el retracto voluntario "*faculta a su titular para subrogarse en el lugar del adquirente o la adquirente en las mismas condiciones convenidas en un negocio jurídico oneroso una vez ha tenido lugar la transmisión*". En cambio, la ley 445, párrafo 1º de la Compilación de Derecho Foral o Fuero Nuevo de Navarra, aprobada por Ley 1/1973, de 1 de marzo (en adelante, CDFN) sólo cuenta con una descripción de la más amplia categoría de "*los derechos de tanteo y retracto legal y los demás derechos reales de adquisición*" mediante su caracterización a través de la limitación del poder de disposición del dueño de la cosa y la facultad del titular para adquirirla, con preferencia a terceros, en caso de transmisión onerosa.

Asimismo, encontramos una definición del derecho en el art. 3111-1.2 de la Propuesta de Código Civil elaborada por la Asociación de Profesores de Derecho Civil de 2018 (en adelante, PCC), a la que nos referiremos con posterioridad (*infra*. III.1), conforme al cual el retracto (legal o de constitución voluntaria, que es el término empleado por la misma) es una facultad para su titular de adquirir la propiedad u otro derecho real sobre un bien cuando su propietario o titular efectivamente lo enajena, con preferencia al adquirente y en las mismas condiciones.

[5] Como ha podido comprobarse, tanto el art. 568-1.1.c) CCCat (en el mismo sentido su art. 568-14.3) como la ley 445, párrafo 1º CDFN, únicamente prevén el ejercicio del retracto voluntario en caso de transmisión onerosa por su dueño. Sin embargo, como quiera que nos hallamos ante una figura en cuya ordenación rige la autonomía privada, no puede rechazarse para el Derecho

preferencia al tercero adquirente (retraído) en igualdad de condiciones en que se opere dicha enajenación[6].

De esta manera, la figura puede encuadrarse dentro de la más amplia categoría de los derechos de adquisición (que engloba a la opción o el retracto convencional), y más concretamente en ella entre los de adquisición preferente (como el retracto legal o el tanteo tanto legal como de origen voluntario)[7], que son aquellos que permiten a su titular adquirir un bien con preferencia a un tercero, pero que quedan supeditados a la voluntad de enajenar por parte del propietario: en caso de que éste no lo desee, no se le puede obligar a ello; pero si decide enajenar, el titular del derecho tendrá preferencia.

En consecuencia, puede advertirse que el ejercicio del derecho se produce tras la enajenación del bien o derecho sobre el que recae y que el mismo se efectúa contra el tercero adquirente (o subadquirente) del bien o derecho (retraído), por lo que se requiere siempre la intervención de un sujeto ajeno al constituyente del derecho y a su titular: el retrayente dirige su acción contra el actual propietario para que le transmita el bien o derecho que ha adquirido, naciendo en consecuencia para éste la obligación de otorgar el título de transmisión[8], más

común la posibilidad de ejercicio del retracto en caso de enajenación gratuita *mortis causa* o *inter vivos* –aunque sin duda poco usual se planteó a la SAP La Coruña 13 octubre 2020 (*JUR* 2020/367478)– siempre que así se haya establecido en el título constitutivo del derecho, como admiten explícitamente el art. 3113-1.3 PCC para el propio retracto voluntario, o para el retracto legal el art. 22.2 de la Ley 49/2003, de 26 de noviembre, de Arrendamientos Rústicos (en adelante, LAR). Al respecto, *vid.* las observaciones que se realizan en *infra*. V.4.b).

6 Así, entre otros, GARCÍA-AMIGO, M.: "Derechos reales de adquisición (notas para una teoría general)", en *Revista de Derecho Privado*, 1976, pp. 101 y ss, RIVERA SABATÉS, V.: *El retracto convencional*, Comares, Granada, 2001, p. 14, FLORES GONZÁLEZ, B.: "Concepto de tanteo y retracto en el Derecho Civil Común", en *Revista Crítica de Derecho Inmobiliario*, nº 745, 2014, pp. 2117 y ss, y la STS 22 abril 2008 (*RJ* 2008/1995).

7 Introducida en España a partir de la traducción y anotación por PÉREZ GONZÁLEZ y ALGUER de la obra de WOLFF, M.: *Derecho de cosas* en el *Tratado de Derecho Civil* de ENNECCERUS, L., KIPP, T. y WOLFF, M. Así, BOSCH CAPDEVILA, E.: "Derechos de adquisición preferente, tanteo y retracto (1) (2)", en LLAMAS POMBO, E. (coord.): *Estudios de derecho de obligaciones. Homenaje al Profesor Mariano Alonso Pérez*, vol. 1, La Ley, Madrid, 2006, pp. 225 y ss, MARTÍNEZ DE AGUIRRE Y ALDAZ, C.: "Hacia la consagración jurisprudencial de los derechos reales de adquisición preferente (Comentario a la Sentencia de 3 de abril de 1981)", en *Anuario de Derecho Civil*, vol. 36-1, 1983, pp. 301 y ss, GARCÍA CANTERO, G.: "Comentario a los arts. 1445 a 1541 CC", en ALBALADEJO, M. (dir.): *Comentarios al Código Civil y Compilaciones Forales*, Tomo XIX, 2ª ed., Edersa, Madrid, 1991, y GARCÍA-AMIGO, M.: *loc. cit.*, pp. 101 y ss.

Claramente así se categorizan por los arts. 3111-1.1 y 3113-1 a 3113-20 PCC.

8 Como señalan en la doctrina más moderna, entre otros, CÁMARA ÁGUILA, P.: "Los derechos reales de adquisición" en BERCOVITZ RODRÍGUEZ-CANO, R. (coord.): *Manual de Derecho Civil. Derechos Reales*, 5ª ed., Bercal, Madrid, 2015, p. 416, DÍEZ-PICAZO, L. y GULLÓN, A.: *Sistema de Derecho Civil*, Vol. III (Tomo 2): Derechos Reales en particular, 10ª ed., Tecnos, Madrid, 2019, p. 216, COCA PAYERAS, M.: *Tanteo y retracto, función social de la propiedad y competencia autonómica*, Real Colegio de España, Bolonia, 1988, y "Los derechos

que operar una subrogación del retrayente en la posición del adquirente como declara para el retracto legal el art. 1521 CC[9] o tratarse de una resolución de la compraventa[10].

En cuanto al carácter voluntario o convencional del derecho, este vendrá determinado por su constitución a través de cualquier título negocial con sujeción a los límites generales de la autonomía de la voluntad o particulares impuestos al concedente (p. ej. respeto del testador a las legítimas). En este sentido, el negocio, en los más amplios términos, podrá ser *inter vivos* o *mortis*

---

de adquisición preferente: tanteo y retracto", en *La Notaría*, nº 9-10, 2001, pp. 191 y ss, o GONZÁLEZ PACANOWSKA, I.: "Retracto de origen voluntario", en *Homenaje al prof. Juan Roca Juan*, Universidad de Murcia, Murcia, 1989, pp. 331 y 332. Sin embargo, DÍEZ SOTO, C. M.: "Comentario al art. 1507", en BERCOVITZ RODRÍGUEZ-CANO, R. (dir.): *Comentarios al Código Civil*, Tomo VIII, Tirant lo Blanch, Valencia, 2013, pp. 10671 y ss, considera que en el retracto voluntario oponible, aunque el tercer adquirente sufrirá las consecuencias del ejercicio por el titular y deberá demandarle para la entrega de la cosa si se niega a ello, el titular habrá de dirigirse contra el concedente y pagarle el precio de la venta a él y no al adquirente, algo correcto a nuestro juicio para el ejercicio del tanteo pero erróneo (e innecesario desde una óptica de economía procesal) en el caso del retracto.

9 Que ha de considerarse defectuosa desde un punto de vista técnico puesto que una vez consumada la adquisición ya no cabe la misma. No obstante, MONSERRAT VALERO, A.: "Los derechos voluntarios de adquisición en el Código civil de Cataluña: clases y funcionamiento", en *Anuario de Derecho Civil*, vol. 63-3, 2010, pp. 1157 y ss, se inclina por entender que hay una subrogación en la titularidad tras un pormenorizado análisis de la controversia acerca de los efectos del ejercicio del derecho. Por su parte, la STS 13 mayo 2009 declara que el retracto voluntario no es propiamente un retracto (legal) "porque no se caracteriza por la nota de la subrogación, sin embargo, puede operar como tal por haberse producido la enajenación ignorando la existencia de dicho derecho". En este sentido, en el Derecho catalán, el art. 568-2.2 CCCat declara como efectos comunes al ejercicio de los derechos de adquisición voluntaria "*la adquisición del bien en la misma situación jurídica en que se hallaba en el momento de la constitución, así como la extinción de los derechos incompatibles constituidos con posterioridad sobre el bien si el derecho se había constituido con carácter real, sin perjuicio de lo establecido por la legislación hipotecaria*".

10 Igualmente debe rechazarse ésta, pues si bien es válida para el retracto convencional regulado por los arts. 1507 y ss CC (en el que se retrae –trae de nuevo según la definición del Diccionario de la RAE–), pero no para el retracto legal ni el voluntario objeto del presente trabajo, puesto que ambos son figuras diferentes (*infra*. II.2.c), a pesar de que la terminología de retracto es aceptada unánimemente para estos últimos por los textos legales, doctrina y jurisprudencia: el verdadero retracto requiere de una situación transitoria de interinidad, no definitiva y acabada, y por otro lado se muestra incompleta al no explicar la adquisición del tercero retrayente. En este sentido, BADENES GASSET, R.: *La preferencia adquisitiva en el Derecho español (tanteo, retracto, opción)*, Bosch, Barcelona, 1958, pp. 31 a 34, y RUBIO TORRANO, E.: "3 de marzo de 1995. Retracto convencional. Derecho real o personal. Acceso al Registro de la Propiedad de un derecho real. Alcance de la falta de plazo para su caracterización como derecho real", en *Cuadernos Civitas de Jurisprudencia Civil*, nº 38, 1995, p. 799. Así, puede considerarse superada la doctrina de, entre otras, la STS 7 mayo 1927 (*CLJC*, T. 175, pp. 85 y ss), que califica como una "resolución o retrocesión de las ventas" –incluso como "rescisión legal" del 1291.5º CC (¡!)– el retracto litigioso otorgado en la cláusula 7ª de un testamento en el que la testadora "autoriza expresa y solidariamente a los compradores para que vendan en pública y extrajudicial subasta la casa de su propiedad... advirtiendo que cualquiera de los herederos podrá quedarse con dicha casa por el tanto mayor que por ella diese cualquier extraño" (equivalente, pues, al llamado retracto de abolengo, gentilicio o de sangre).

causa[11], y a su vez a título gratuito u oneroso[12]. Asimismo, el derecho puede establecerse en un negocio jurídico independiente o bien mediante una cláusula integrante de otro negocio como un arrendamiento[13], una compraventa[14], una donación, por enajenación o concesión o retención o reserva, al hilo de un negocio divisorio...[15].

E, igualmente, de lo más diversas pueden ser las finalidades o intereses perseguidos por las partes con la constitución del derecho, siempre que se respeten los límites generales (ley, moral y orden público) impuestos por el art. 1255 CC a la autonomía privada (*vid. infra.* V.1)[16]. Así, en el singular supuesto resuelto por la SAP Alicante 22 mayo 2001 (*AC* 2001/2401), la preferencia convencional se suscribió 25 años atrás por los compradores/edificantes de la

---

11 Así, la STS 19 noviembre 1993 (*RJ* 1993/9174), o GARCÍA-AMIGO, M.: *loc. cit.*, pp. 99 y ss.

12 Como señala RIVERA SABATÉS, V.: *op. cit.*, p. 14.

13 Como ocurrió en los supuestos resueltos por las SSTS 19 noviembre 1993 y 13 mayo 2009.

14 La STS 22 abril 2008 recayó sobre un contrato de compraventa en cuya estipulación cuarta se establecía lo siguiente: "punto b): el dueño de la finca objeto de venta está obligado a notificar fehacientemente la enajenación que proyecte al titular del derecho de tanteo (que es la parte vendedora) con treinta días de antelación a la fecha en que se proponga otorgar la escritura, pudiendo este último durante dicho plazo ejercitar su derecho; c) si la enajenación se realiza sin la notificación prevenida en la regla anterior, el tanteo se convertirá en retracto ejercitable durante el plazo de tres meses contados desde que el titular del derecho de tanteo tuviese conocimiento de la misma, y serán de cuenta del dueño de la finca gravada los mayores gastos que por esta causa se irrogaren a aquel".

15 En el Derecho navarro la ley 460, párrafo 2º CDFN, autoriza con generosidad la constitución por actos "inter vivos" o "mortis causa" a título oneroso o lucrativo, por constitución directa mediante enajenación o concesión, bien mediante reserva o retención en un acto de transmisión de la propiedad. Por su parte, el art. 3113-1.1 PCC admite su constitución por acto *inter vivos* o *mortis causa*, a título oneroso o gratuito.

MEDINA SÁNCHEZ, R.: *El retracto convencional y el retracto voluntario*, Tesis doctoral inédita, Universidad Complutense de Madrid, Madrid, 1990, pp. 413 y ss, pone diversos ejemplos ilustrativos de precontratos (*sic*) a título oneroso (propietario de finca que, a cambio de una cantidad, concede a su vecino derecho de adquirir su finca, en caso de que decida su transmisión) y gratuito (padre que divide una finca entre sus hijos, donando a cada uno de ellos una parte de la finca y otorgando a título gratuito derecho de retracto sobre la otra parte, para el supuesto de que el hermano o sus herederos lo transmitan) y de negocio jurídico *mortis causa* (testador que designa heredero o legatario como dueño de una cosa limitado por la existencia de un derecho de adquisición legado a un tercero con preferencia a cualquiera, cuando aquél hubiera vendido el objeto).

16 Las preferencias adquisitivas tienen con mayor frecuencia por fin el favorecimiento del acceso a la propiedad del titular que ha celebrado un contrato o bien el mantenimiento de la propiedad en un determinado ámbito (singularmente el familiar); así se dan en la práctica particional, en el terreno societario o en la sucesión testamentaria, a fin de que los bienes hereditarios no salgan del ámbito familiar (a semejanza del retracto gentilicio –desaparecido en el Derecho común– previsto en Derechos forales como el navarro– leyes 452 y ss CDFN– o el aragonés bajo el nombre de derecho de abolorio o de saca –arts. 588 y ss del Código del Derecho Foral de Aragón aprobado por Decreto legislativo 1/2011, de 22 de marzo, CDFA–). *Vid.*, asimismo, los ejemplos que enumera O'CALLAGHAN, X.: *Compendio de Derecho Civil*: Tomo 2 (Obligaciones y Contratos), vol. 1, 4ª ed., Edersa, Madrid, 2004.

finca (amigos por razón de sus profesiones) con la finalidad esencial de evitar la adquisición de una de las viviendas por tercera persona que pudiera hacer molesta la convivencia para los restantes. Radicalmente distinto es el abordado por la STSJ Cataluña 3 octubre 2013 (*RJ* 2014/515), en que los derechos de tanteo y retracto concedidos a favor de la Administración Pública vendedora de una vivienda de protección atienden al fin social de la misma.

En otro orden de cosas, cabe señalar que si bien es admisible la concesión al titular única y exclusivamente de un retracto independiente, a semejanza de los retractos de coherederos, comuneros o colindantes legalmente reconocidos respectivamente por los arts. 1067, 1522 y 1523 CC[17], como ocurrió en los supuestos abordados por las SSTS 27 febrero 2008 (*RJ* 2008/3050) y 13 mayo 2009, es posible del mismo modo la constitución de aquél en conexión con un derecho de tanteo, de forma cumulativa o subordinado para la hipótesis de burla de éste por el transmitente y el adquirente del objeto, tal y como se constituyó en los supuestos litigiosos a que pusieron fin las SSTS 13 diciembre 1958 (*RJ* 1958/4047), 30 abril 1964 (*RJ* 1964/2167), 19 noviembre 1993, y 22 abril 2008, la STSJ Cataluña 3 octubre 2013, y la SAP Navarra 1 julio 2010 (*JUR* 2011/19431). En cualquier caso, la independencia o vinculación del retracto con respecto al tanteo no alteran ninguna de las consideraciones que se desarrollan a lo largo del presente trabajo, habida cuenta de la autonomía en el segundo caso y de la diferente estructura (y procedimiento de ejercicio) entre ambos derechos.

Para concluir, cabe hacer una breve precisión terminológica relativa a la denominación empleada en el trabajo para referirnos al derecho objeto de análisis.

Hemos optado por el empleo del adjetivo "voluntario"[18], a fin de contraponerlo en primer lugar, por razón de su origen (la autonomía privada) al retracto

---

[17] Art. 1067 CC: "*Si alguno de los herederos vendiere a un extraño su derecho hereditario antes de la partición, podrán todos o cualquiera de los coherederos subrogarse en lugar del comprador, reembolsándole el precio de la compra, con tal que lo verifiquen en término de un mes, a contar desde que esto se les haga saber*".

Art. 1522 CC: "*El copropietario de una cosa común podrá usar del retracto en el caso de enajenarse a un extraño la parte de todos los demás condueños o de alguno de ellos.*

Cuando dos o más copropietarios quieran usar del retracto, sólo podrán hacerlo a prorrata de la porción que tengan en la cosa común".

Art. 1523 CC: "*También tendrán el derecho de retracto los propietarios de las tierras colindantes cuando se trate de la venta de una finca rústica cuya cabida no exceda de una hectárea.*

El derecho a que se refiere el párrafo anterior no es aplicable a las tierras colindantes que estuvieren separadas por arroyos, acequias, barrancos, caminos y otras servidumbres aparentes en provecho de otras fincas.

Si dos o más colindantes usan del retracto al mismo tiempo será preferido el que de ellos sea dueño de la tierra colindante de menor cabida; y si las dos la tuvieran igual, el que primero lo solicite".

[18] Aun reconociendo la validez del término retracto negocial –empleado por GARCÍA-AMIGO, M.: *loc. cit*., pp. 99 y ss–, es, por otra parte, el término más utilizado en la doctrina y la jurisprudencia. Así, entre otras, las SSTS 19 noviembre 1993, 29 abril 2005 –*RJ* 2005/4548–, 22

legal previsto *v. gr.* en los arts. 1521 a 1525 CC. De otro lado, para evitar equívocos primordialmente, lo consideramos preferible al vocablo "convencional", que podría ser de igual forma válido como descriptivo del origen (a semejanza de lo que acontece con el término tanteo convencional), al ser empleado éste por los arts. 1507 a 1520 CC, para denominar (*vid. infra*. II.2.c) a una figura sustancialmente diversa como es la retroventa o pacto de retro[19].

2. DISTINCIÓN DE OTRAS FIGURAS

Una vez definido y caracterizado el retracto voluntario es conveniente efectuar en este punto un sucinto análisis sobre las esenciales semejanzas y diferencias estructurales y procedimentales con otras figuras que, aunque diversas a aquél, confieren de igual modo a su titular una preferencia adquisitiva sobre un bien o derecho determinado, para perfilar así la figura de forma más precisa, en especial a efecto de decidir acerca de la viabilidad de una eventual extrapolación posterior –plena o parcial– del régimen legal de eficacia frente a terceros de éstas (en caso de existir) al retracto voluntario que, reiteramos, se encuentra desprovisto de él.

a) Retracto legal

El retracto legal y el voluntario aparecen semejantes en lo referente a su estructura, funcionamiento y eficacia adquisitiva, hasta tal punto de que puede considerarse válido con carácter general como concepto unitario (aunque erróneo como advertimos) el consagrado en el art. 1521 CC para el retracto legal[20],

abril 2008 y 13 mayo 2009, y RUBIO TORRANO, E.: *loc. cit.*, p. 800, MEDINA SÁNCHEZ, R.: *op. cit.*, pp. 74 y ss, GONZÁLEZ PACANOWSKA, I.: *op. cit.*, p. 322, PÉREZ ÁLVAREZ, M. A.: "Los derechos reales de adquisición", en DE PABLO CONTRERAS (coord.): *Curso de Derecho Civil (III). Derechos reales*, 2ª ed., Colex, Madrid, 2008, pp. 639 y ss, BOSCH CAPDEVILA, E.: *Opción, tanteo y retracto. La regulación catalana de los derechos voluntarios de adquisición*, Marcial Pons, Madrid, 2004, y RIVERA SABATÉS, V.: *op. cit.*, pp. 10 a 27, quien se ocupa con amplia cita doctrinal y jurisprudencial de la cuestión, si bien hace notar que también el retracto previsto en el CC es voluntario en su origen.

[19] Por su parte, el término retracto convencional es utilizado en todo momento por ARECHEDERRA ARANZADI, L. I.: "Los derechos de tanteo y retracto convencionales configurados con carácter personal", en *Revista de Derecho Privado*, 1980, pp. 123 y ss, mientras que la STS 3 marzo 1995 (*RJ* 1995/1776) ambiguamente se refiere al derecho abordado por ella (coincidente con el objeto de nuestro estudio) como un retracto convencional "sui generis", aclarando que es un retracto convencional en el sentido estricto de la palabra, si bien con posterioridad declara contradictoriamente que el retracto convencional "stricto sensu" se corresponde con la institución prevista en el art. 1507 CC.

[20] Como exponen GARCÍA-AMIGO, M.: *loc. cit.*, pp. 105 y 106, y la RDGSJFP 4 mayo 2022 (*RJ* 2022/\2510). Para BOSCH CAPDEVILA, E.: "Derechos..." *cit.*, pp. 225 y ss, tal analogía permite incluso la creación de un régimen jurídico único.

cuya concesión efectúan múltiples preceptos[21] para los más variados supuestos, como "*el derecho de subrogarse, con las mismas condiciones estipuladas en el contrato, en lugar del que adquiere una cosa por compra o dación en pago*".

La única diferencia fundamental entre ambos se halla, pues, en su origen: mientras que el retracto legal es otorgado a su titular por la Ley para permitir el acceso a la titularidad sin acudir a una enajenación forzosa ante la concurrencia de un determinado supuesto de hecho en atención a un interés o finalidad que el legislador considera digna de tutela –obedeciendo por tanto a razones de política legislativa–, en el caso del retracto voluntario son los particulares quienes, como se indicó, constituyen en el negocio contractual o testamentario el derecho en composición de sus intereses –de lo más variados– amparados por el art. 1255 CC[22].

La diversidad de la fuente creadora afectará[23], en primer lugar, a las eventuales enajenaciones que activan el derecho o a los plazos de su ejercicio (dependientes de la voluntad del concedente o de los constituyentes en el caso del retracto voluntario), así como determinará una disparidad en lo referente a la duración del derecho, indefinida en el retracto legal y determinada, en principio, en el voluntario, y en la posibilidad de autonomía, pues mientras los retractos voluntarios pueden constituirse como facultades o derechos autónomos,

---

21 Tanto del CC (arts. 1067, 1522, 1523 y 1636-1639), como de otras leyes civiles especiales (*v. gr.* arts. 25 LAU o 22.2 LAR), normas de los diferentes Derechos civiles forales o especiales (ej. arts. 72 y ss de la Ley 5/2015, de 25 de junio, de Derecho Civil Vasco –LCDV–, o 568-16 y ss CCCat), y normas de carácter administrativo estatales (como el art. 81.2 de la Ley de 16 de diciembre de 1954 sobre expropiación forzosa –LEF–) o autonómicas (*v. gr.* arts. 182 y ss de la Ley madrileña 9/2001, de 17 de julio, del Suelo).

No obstante, como oportunamente recuerda BOSCH CAPDEVILA, E.: "Derechos…" *cit.*, pp. 225 y ss, si a pesar del reconocimiento legal su nacimiento requiere de una voluntad negocial expresa del dueño, el retracto tendrá carácter voluntario como ocurre con la fadiga del censalista (art. 565-23.1 CCCat).

22 Como señalan ARECHEDERRA ARANZADI, L. I.: "Tanteo convencional y traspaso de negocio", en *Revista Crítica de Derecho Inmobiliario*, nº 536, 1980, p. 31, MEDINA SÁNCHEZ, R.: *op. cit.*, pp. 74 y ss, O'CALLAGHAN, X.: *op. cit.*, RIVERA SABATÉS, V.: *op. cit.*, pp. 11 y ss, GONZÁLEZ PACANOWSKA, I.: *op. cit.*, p. 322, y BOSCH CAPDEVILA, E.: "Derechos…" *cit.*, pp. 225 y ss, y las STS 22 abril 2008 y SAP Barcelona 22 diciembre 2011 (*JUR* 2012/139308). *Cfr.* asimismo el art. 3111-2 PCC.

Recuérdese que las razones o intereses que fundamenten la constitución pueden ser idénticos a los de los retractos reconocidos por la Ley. Así, la finalidad del derecho litigioso (acceso del arrendatario a la propiedad del local) sobre el que recayó la STS 13 mayo 2009 presenta completa afinidad con el retracto arrendaticio urbano reconocido en el art. 31 LAU.

23 Cuestión de interés, aunque ajena al presente trabajo, es la relativa a la determinación de la preferencia en caso de concurrencia sobre un mismo bien o derecho de retractos de constitución voluntaria y de concesión legal. La STS 30 abril 1964 declaró la primacía de éstos (en el caso, los reconocidos en la normativa arrendaticia urbana) frente a un tanteo y retracto testamentarios, solución consagrada en la Ley 446, último párrafo CDFN y en el art. 3112-10.1 PCC; en contra, el art. 25.4 de la vigente LAU establece la preferencia del retracto convencional inscrito en el Registro de la Propiedad.

desligados de cualquier relación jurídica previa, los de origen legal aparecen inmersos en otra situación jurídica, ya que se presentan como accesorios o en conexión con la cualidad de arrendatario del bien, copropietario de él, pariente del vendedor dentro de cierto grado, propietario de finca colindante, etc., lo que incide, a su vez, en el régimen de transmisibilidad separada de la condición de la persona titular (viable en el retracto voluntario, pero no en el legal)[24].

Pero, sin duda, es en la publicidad del derecho donde la heterogeneidad entre las dos figuras se presenta con mayor vigor en lo que a efectos de nuestro estudio se refiere: así, el retracto legal cuenta con una publicidad derivada de la declaración de la Ley, mientras que el voluntario carece de aquélla. Ello influye de forma esencial en la articulación del régimen de oponibilidad frente a terceros, pues en el primero no existe necesidad, obviamente, de acudir en ningún caso a otros medios de publicidad, singularmente la registral (art. 37.3º LH), para lograr su eficacia frente al tercero adquirente del bien o derecho, publicidad registral que sí tendrá incidencia en dicho régimen para el retracto voluntario, como se analizará posteriormente (*infra*. IV y VI)[25].

b) Tanteo convencional

A falta de un concepto legal del tanteo en el Derecho común, puede definirse como el derecho que otorga a su titular (tanteante) la facultad de adquirir el bien o derecho sobre el que recae con preferencia a otra persona, pagando el precio en las condiciones pactadas por este último con su dueño (tanto), cuando éste decide enajenarlo[26]; si el derecho es constituido mediante negocio jurídico en uso de la autonomía consagrada en el art. 1255 CC (con la amplitud anteriormente advertida para el retracto voluntario) nos encontramos ante un

---

[24] Como subrayan ARANDA RODRÍGUEZ, R.: "Retracto convencional: legitimación pasiva y ejercicio en las subastas judiciales. Analogías y diferencias entre compraventa y subasta judicial. Estudio a propósito de la sentencia del Tribunal Supremo de 3 de marzo de 1995", en *Anuario de Derecho Civil*, vol. 49-2, 1996, pp. 894 a 896, BOSCH CAPDEVILA, E.: "Derechos…" *cit.*, pp. 225 y ss, y GARCÍA CANTERO, G.: *op. cit.* Debe tenerse en cuenta, no obstante, que la concesión del retracto voluntario puede realizarse *intuitu personae*; igualmente, es dudosa la esencialidad de su duración determinada (*infra*. V.3).

[25] Así, DÍEZ SOTO, C. M.: "Notas sobre la nueva regulación de los derechos de adquisición preferente de origen voluntario en la Ley catalana 22/2001, de 31 de diciembre", en CABANILLAS SÁNCHEZ, A. (coord.): *Estudios jurídicos en Homenaje al Profesor Luis Díez-Picazo*, Tomo II: Derecho Civil. Derecho de obligaciones, Civitas, Madrid, 2003, pp. 1701 y ss.

[26] Por todos, CÁMARA ÁGUILA, P.: *op. cit.*, p. 416. Dicha definición se encuentra consagrada legalmente en el art. 568-1.1.b) CCCat, que establece "*que faculta a su titular para adquirir a título oneroso un bien en las mismas condiciones pactadas con otro adquirente*". Por su parte, en la misma línea, dispone el art. 3111-1.2 PCC que el tanteo faculta a su titular para adquirir la propiedad u otro derecho real sobre un bien *cuando su propietario o titular decide enajenarlo* con preferencia al adquirente y en las mismas condiciones.

tanteo convencional, en contraposición al tanteo legal reconocido en diferentes preceptos para variados supuestos de hecho[27].

El dueño que decide enajenar el bien o derecho queda obligado entonces a notificar su intención de enajenación, así como el precio y demás condiciones pactadas con el tercero para que pueda hacer efectivo el derecho de adquisición su titular, y en caso de cumplimiento de dicha obligación, si éste acepta la oferta, se perfecciona el correspondiente negocio transmisivo (normalmente, compraventa) quedando definidas sus condiciones *per relationem* con las convenidas con el tercero.

A semejanza de lo que ocurre con el retracto, el nacimiento del tanteo requiere, pues, de la intervención de un tercero interesado en la adquisición del bien o derecho sobre el que recae, pero al contrario de aquél (y aquí radica su primordial y más trascendental diferencia) el derecho opera con carácter preliminar a la enajenación del bien por el titular, es decir, antes de consumarse la transmisión al tercero y frente al dueño transmitente: la aparición del tercero –aunque precisa para su activación– sólo se da en el tanteo como adquirente en potencia, por lo que únicamente habrá de inicio, en su caso, una transmisión del bien o derecho, en favor del tanteante[28].

De esta manera, no se plantea con carácter necesario un problema de eficacia del tanteo frente al tercero, sino exclusivamente en caso de transmisión del bien o derecho –no antes– sin que haya podido el titular del tanteo ejercerlo por incumplimiento del dueño de sus obligaciones de notificación (burla del tanteo): mientras el tanteo nace para ejercitarse frente al dueño transmitente, el retracto lo es inexorablemente para hacerse valer frente al adquirente; de esta forma, el tanteo convencional eludido no puede hacerse valer frente al tercero si no va acompañado de la concesión adicional al tanteante de un derecho de

---

[27] *V. gr.* arts. 1637 CC o 25.2 LAU.

[28] Así, GONZÁLEZ PACANOWSKA, I.: *op. cit.*, pp. 330 a 332, MARTÍNEZ DE AGUIRRE Y ALDAZ, C.: *loc. cit.*, p. 303, GARCÍA CANTERO, G.: *op. cit.*, MONSERRAT VALERO, A.: *loc. cit.*, pp. 1152-1154, COCA PAYERAS, M.: *Tanteo... cit.*, pp. 33 y 52 a 56, y GARCÍA-AMIGO, M.: *loc. cit.*, pp. 105 y 106, quien recalca asimismo las diferentes exigencias y gastos en el tanteo (precio) y retracto (precio más gastos necesarios y útiles, de contrato y otros legítimos por la venta; art. 1518 CC). *Cfr.* art. 3112-3.1 PCC.

Tal caracterización del derecho coincide con el que fue objeto del proceso al que puso fin la STS 24 octubre 1990 (*RJ* 1990/8045), aunque los contratantes y el Alto Tribunal erróneamente lo calificaron como “derecho de opción”, pues concedía la preferencia adquisitiva (sobre una estación de servicio) en las mismas condiciones en que pudiese adquirirla cualquier persona o entidad. Igualmente considera incorrecta semejante tipificación, GAVIDIA SÁNCHEZ, J. V.: “Derecho no inscrito de adquisición preferente. Identificación del tipo, eficacia frente a terceros y relatividad de los contratos”, en *Cuadernos Civitas de Jurisprudencia Civil*, nº 24, 1990, pp. 1128 y ss, inclinándose acertadamente por la de tanteo.

retracto[29], con conversión de aquél en éste, lo que ha llevado incluso a ser considerados ambos como sucesivas facetas o fases complementarias (preadquisitiva y postadquisitiva o de oponibilidad) de un unitario derecho de adquisición preferente o a hablarse de una plasmación real del tanteo en caso de mantener la –quizá más correcta– sustantividad jurídica propia de ambas figuras[30], sostenida expresamente por la STS 16 diciembre 2004 (*RJ* 2004/8213), para la cual dicha autonomía explica, por más que pertenezcan al mismo género, que cuando tienen origen legal unas veces consistan sólo en el retracto y otras en el retracto previo tanteo, cumulativamente o en caso de burla de este último.

Dicha articulación de la preferencia adquisitiva convencional ha de considerarse, por otra parte, como la más óptima y menos perturbadora desde un punto de vista de la seguridad en el tráfico económico y jurídico[31], al facultar un ejercicio previo de la misma por su titular que, en caso de consumarse, evita el

---

[29] Como señalan FELIÚ REY, M. I.: *El tanteo convencional*, Civitas, Madrid, 1997, pp. 120 y ss; en idénticos términos, DÍEZ SOTO, C. M.: "Notas…" *cit*., pp. 1701 y ss, y GARCÍA-AMIGO, M.: *loc. cit*., pp. 105 y 106. En este sentido, no puede perderse de vista que ninguno de los supuestos de tanteos legales es concedido de forma independiente desconectado de un posterior retracto, como sí ocurrió en el derecho de adquisición voluntario que originó el litigio que resolvió la STS 13 diciembre 1958 aunque inserto en dos cláusulas independientes de un contrato de compraventa.

No obstante, DE LA RICA Y ARENAL, R.: "El derecho de tanteo: su naturaleza. Posibilidad de inscripción. Título inscribible y circunstancias de la inscripción", en *Revista Crítica de Derecho Inmobiliario*, nº 534, 1979, p. 1043, considera que el tanteo voluntario inscrito en el Registro de la Propiedad, aun cuando no se contemple ligado al retracto, se convierte en éste en caso de ser burlado, por aplicación de los principios hipotecarios, concretamente los consagrados en el art. 34 LH (que no protege al adquirente cuando las causas de resolución del derecho del transmitente constan en el Registro), si bien reconoce que nuestra legislación (a diferencia del Derecho alemán) no contempla expresamente esa conversión más que para los tanteos legales. A pesar de ello, la STS 17 noviembre 1931 (*RJ* 1931/2260) aplicó tal doctrina a dicho supuesto de hecho; *vid.* BADENES GASSET, R.: *op. cit*., p. 38.

[30] Entre otros, GONZÁLEZ PACANOWSKA, I.: *op. cit*., pp. 323 y ss, PÉREZ ÁLVAREZ, M. A.: *op. cit*., p. 640, BOSCH CAPDEVILA, E.: "Derechos…" *cit*., pp. 225 y ss, DÍEZ SOTO, C. M.: "Notas…" *cit*., p. 1709, ARECHEDERRA ARANZADI, L. I.: "Los derechos…" *cit*., p. 124, y GARCÍA CANTERO, G.: *op. cit*., o las SSTS 7 mayo 1927 y 3 marzo 1995. Para FLORES GONZÁLEZ, B.: *loc. cit*., p. 2166, tanteo y retracto, más que dos fases sucesivas de un mismo derecho, son dos posibilidades alternativas de hacer efectivo el derecho de adquisición preferente; en el mismo sentido, la RDGSJFP 4 mayo 2022.

La ley 462 CDFN establece la conversión del tanteo voluntario en retracto en caso de burla, si bien donde más claramente se plasma la unidad funcional entre ambos como dos fases de una misma facultad es en el art. 568-15.1 CCCat (*vid.* la STSJ Cataluña 3 octubre 2013); va más allá el art. 3111-1.2 PCC, al establecer expresamente que "*el derecho de tanteo y el de retracto son facultades de un mismo derecho de adquisición preferente*", ejercitables con anterioridad y después de la enajenación del bien, caracterización que se remarca en el art. 3113-7.4, que dispone que la renuncia a ejercer el derecho de tanteo implica la renuncia al derecho de retracto.

[31] Así, FELIÚ REY, M. I.: *op. cit*., p. 136, GONZÁLEZ PACANOWSKA, I.: *op. cit*., pp. 323 a 329, RIVERA SABATÉS, V.: *op. cit*., p. 8, TALMA CHARLES, J.: "La adquisición preferente: análisis de su replanteamiento sistemático", en *Aranzadi Civil*, nº 2, 2006, pp. 2120 y 2121, DÍEZ SOTO, C. M.: "Notas…" *cit*., pp. 1701 y ss, MEDINA SÁNCHEZ, R.: *op. cit*., pp. 74 y ss, y GARCÍA-AMIGO, M.: *loc. cit*., pp. 99 y ss, quien precisa, no obstante, que desde el punto de

"rodeo" que implicaría la celebración de una adquisición posterior que habría de quedar sin efecto, lo que no impide que pueda admitirse con fundamento en el art. 1255 CC, como hemos podido comprobar, la viabilidad de la constitución de retractos voluntarios desligados de tanteos previos[32], o incluso un supuesto aún más nocivo para dicha seguridad jurídica, como sería la concesión cumulativa de ambos derechos, de manera que el titular de la preferencia pudiera ejercitar un derecho de retracto aun cuando hubiese renunciado voluntariamente al ejercicio del tanteo tras haber sido notificado válidamente por el dueño de su intención de enajenar[33].

c) Retracto convencional y figuras análogas de los Derechos forales

El denominado retracto convencional por la regulación de los arts. 1507 a 1520 CC es definido de forma indirecta por el primero de ellos al señalar que "*tendrá lugar el retracto convencional cuando el vendedor se reserve el derecho de recuperar la cosa vendida, con obligación de cumplir lo expresado en el artículo 1.518 y lo demás que se hubiese pactado*"[34].

---

vista funcional conviene más el tanteo (menos molestias y gastos), pero concede mayor seguridad al titular el retracto (evita la simulación).

32 La concesión de ambos derechos es la solución por la que opta una gran mayoría de preceptos para estructurar las diferentes preferencias legales, como en los mencionados arts. 25 LAU, 22.2 LAR, 81 LEF, 76 y 83 LDCV o 182 y ss de la Ley madrileña 9/2001. Así, MEDINA SÁNCHEZ, R.: *op. cit.*, pp. 74 y ss.

En el Derecho catalán, el art. 568-14.5 CCCat admite explícitamente la constitución independiente ("desconectado") del retracto, mientras que para el navarro no deben representar las previsiones contenidas en las leyes 445 y 462 CDFN un obstáculo a la posibilidad de constitución de un retracto voluntario independiente, pues no existe limitación o prohibición en las normas a ello, pareciendo más bien pensadas aquéllas para dotar al tanteo voluntario real de una eficacia perfecta frente al tercero adquirente; por su parte, el art. 3113-7.4 PCC, admite para el retracto voluntario, a semejanza del precepto catalán, la exclusión en el título constitutivo del derecho de tanteo. Dichas previsiones, por otro lado, parecen confirmar la independencia de ambos derechos desde un punto de vista jurídico.

33 Concesión cumulativa de tanteo y retracto que, a pesar de ello, es reconocida para el censo enfitéutico (art. 1638 CC), en atención a un interés superior, como es la extinción de la situación de dominio dividido.

En el negocio jurídico del que se ocupó la STS 25 abril 1992 (*RJ* 1992/3413) la comunidad de propietarios y uno de los copropietarios pactaron la concesión a aquélla de derechos de tanteo y retracto para el supuesto de venta unitaria de la planta sótano a ejercitar en el plazo de noventa días a partir de la fecha de la notificación en forma fehaciente del nombre del comprador interesado, precio y condiciones de venta sobre la totalidad del local y en las mismas condiciones ofertadas. El Alto Tribunal (FD 4º) declara que en tal caso el ejercicio del retracto voluntario no exige necesariamente haber hecho uso del tanteo, "pues lo que se vino a conceder válidamente fue un efectivo derecho de adquisición preferente respecto a extraños para la compra del local", declaración, a nuestro juicio inexacta si no se pone en conexión con el incumplimiento de la notificación (que es lo que parece aconteció en el caso).

34 En el Derecho catalán el trasunto de la figura es el derecho de redimir en la venta a carta de gracia (prevista en el art. 621-55 CCCat) definido por el art. 568-28 CCCat como aquél que "*faculta*

Así, de la definición legal de la figura[35] se extrae que se trata de un derecho inserto en una compraventa que faculta al vendedor/titular para la readquisición de la propiedad de la cosa vendida (cabalmente aquí sí se "retrae"), con resolución de aquélla en caso de hacerse efectivo dentro del plazo y conforme a las condiciones establecidas[36]; si bien no necesariamente, normalmente se incardinará en operaciones de financiación del vendedor/titular, quien obtendrá de esta manera un dinero a cambio de la transmisión del bien (la cual opera a modo de garantía en favor del comprador) con la esperanza de recuperarlas, como destaca la STS 3 abril 1981 (*RJ* 1981/1477)[37], que contrasta con el fin más frecuente del retracto voluntario el cual, como se indicó, no es otro que favorecer el acceso a la propiedad del titular que ha celebrado un contrato o bien el mantener la propiedad en un determinado ámbito (ej. familiar).

Más allá de los diferentes objetivos perseguidos por los dos retractos, son notorias las discordancias entre ambos[38], siendo la sustancial la de que, mientras

---

al vendedor para readquirir el bien vendido", y regulado en los arts. 568-28 a 568-32. Por su parte, las leyes 575 a 583 CDFN regulan la venta con pacto de retro o a carta de gracia, declarando la primera de ellas que "*por el contrato de venta con pacto de retro o a carta de gracia, el vendedor se reserva el derecho real de recuperar la cosa vendida mediante el reintegro del precio recibido, los gastos de legítimo abono y las impensas necesarias y útiles*".

Finalmente, el art. 3111-1.4 PCC dispone que *el derecho de readquisición* (regulado en los arts. 3113-16 a 3113-20) "*faculta a su titular para recuperar en los términos pactados el bien transmitido, con la obligación de satisfacer los reembolsos a los que se refiere el art. 3112-6*".

[35] También conocida como pacto de retro o retroventa cuando se hace mención al contrato que incluye tal cláusula. Como ha podido comprobarse, el vocablo pacto de retro es empleado por el Derecho navarro.

[36] Así, MÁS BADÍA, M. D.: "Los derechos reales de adquisición de constitución voluntaria: una propuesta de regulación sistemática en el Código civil", en *Revista Crítica de Derecho Inmobiliario*, nº 777, 2020, p. 138, y SSTS 13 diciembre 1958, 25 abril 1992 y 13 mayo 2009, y SAP Asturias 6 marzo 2002 (*JUR* 2002/127482), que inciden en la idea de readquisición, a semejanza de la terminología empleada por la PCC. Por su parte, subrayan la exigencia de una compraventa precedente en el retracto convencional, las SSTS 9 febrero 1994 (*RJ* 1994/839) y 3 marzo 1995, y las SSAAPP Navarra 1 julio 2010, Barcelona 22 diciembre 2011, y Burgos 22 junio 2016 (*JUR* 2016\195395).

[37] Específicamente, las leyes 475 a 480 CDFN regulan aisladamente la venta con pacto de retro "*como garantía*", definiéndola la primera como aquella en la que el deudor se reserva "*el derecho a retraer la cosa vendida al satisfacer o extinguir la obligación*"; ostentará tal carácter en todo caso cuando así se pacte expresamente, presumiéndose cuando la cosa continúe en posesión del vendedor.

[38] Entre otras, como que el precio y demás condiciones de ejercicio son fijadas con carácter previo en el retracto convencional y con posterioridad a la transmisión en el voluntario, o que el retracto convencional se da únicamente en la compraventa y el voluntario en otras enajenaciones. Desarrollan prolijamente las diferencias entre retracto convencional y legal –extrapolables al voluntario–, RIAZA MATEO, N.: *Los retractos: errores dominantes acerca de la materia*, Reus, Madrid, 1919, pp. 192 y ss, y BADENES GASSET, R.: *op. cit.*, pp. 31 y ss. *Vid.* la RDGSJFP 4 mayo 2022.

Curiosamente en el supuesto resuelto por la RDGRN 19 febrero 2002 (*RJ* 2002/4141) se concedieron sendos derechos de adquisición en una escritura de compraventa: junto a un pacto de retro, se añade un derecho de adquisición preferente, también convencional (si bien parece un

el retracto voluntario, como ha podido comprobarse, es el paralelo convencional del retracto legal, el ejercicio de la figura regulada en el CC no requiere, en principio, la intervención de un tercero que lleve a cabo la adquisición del bien o derecho sobre el que recae, ya que se pretenden deshacer precisamente los efectos de una compraventa celebrada por el propio retrayente; no se trata, pues, de una preferencia adquisitiva sino de un derecho de adquisición[39].

No nos encontramos, por tanto, ante una estructura subjetivamente triangular (como ocurre en los tanteos y retractos voluntarios y legales) por lo que no surge de manera esencial la cuestión de la eficacia del derecho frente a un tercero adquirente (no ha de ejercitarse inevitablemente frente a éste), lo que no obsta a que se pueda producir la intervención de aquél si, eventualmente, el comprador –o el propietario actual– enajena el bien o derecho durante la vigencia del retracto convencional[40].

En este sentido, frente a la laguna legal en el caso del retracto voluntario, el CC en su art. 1510 resuelve precisamente la problemática relativa a la eficacia del retracto convencional frente a terceros ("*todo poseedor que traiga su derecho del comprador*"), declarando la misma expresamente de forma incondicional ("*aunque en el segundo contrato no se haya hecho mención*"), si bien deja a "*salvo lo dispuesto en la Ley Hipotecaria respecto de terceros*".

Cabe plantearse, no obstante, si, habida cuenta de las diferencias teleológicas y estructurales entre ambas figuras, las anteriores reglas de oponibilidad del derecho son extrapolables al retracto voluntario, como tendremos ocasión de analizar.

d) Opción de compra

Aunque (a semejanza de lo que acontece con tanteo y retracto voluntarios) tampoco existe en el Derecho común un concepto legal del derecho de opción, puede ser definido como aquel que faculta a su titular (optante) para adquirir el bien o derecho sobre el que recae pagando el precio en las condiciones y dentro

---

tanteo), a favor del comprador para el caso de que se ejercite el primero por el vendedor siempre que éste, después, durante el plazo de cuatro años vendiese las parcelas objeto del contrato a un tercero; en tal caso, el vendedor habrá de notificarle de forma fehaciente el nombre del comprador, precio de la transmisión y plazo para ejercer el derecho.

[39] En el mismo sentido, ARECHEDERRA ARANZADI, L. I.: "Los derechos…" *cit.*, pp. 124 y 125, MÁS BADÍA, M. D.: *loc. cit.*, pp. 129 y 180, BADENES GASSET, R.: *op. cit.*, pp. 31 a 34, RIAZA MATEO, N.: *op. cit.*, pp. 192 y ss, MEDINA SÁNCHEZ, R.: *op. cit.*, pp. 307 y ss, O'CALLAGHAN, X.: *op. cit.*, y la SAP Navarra 1 julio 2010.

[40] El derecho es por otra parte necesariamente temporal, de acuerdo con el art. 1508 CC, con una duración máxima de diez años (y cuatro años a falta de pacto), al contrario de lo que ocurre en el retracto legal, y es dudoso en el voluntario (*infra*. V.3).

del plazo establecidos en el negocio jurídico de constitución –el cual puede ser independiente o hallarse incorporado en una cláusula a otro contrato (p. ej. de arrendamiento)–[41]. De esta forma, la transmisión del bien en favor del optante se producirá con la sola declaración de ejercicio del derecho, sin necesidad de contar con el consentimiento del propietario del bien o derecho.

Se trata, pues, de un derecho de adquisición, pero no preferente[42], pudiendo considerarse como el género en el que pueden encuadrarse todos aquellos como especies o subespecies, hasta tal punto de que se ha planteado la unificación de la totalidad de los derechos de adquisición preferente a partir de la figura de la opción de compra como negocio unitario creador de un derecho real, al que se le pueden adicionar los diversos caracteres de tanteos y retractos como condiciones suspensivas (arts. 1113 y ss CC) de nacimiento y requisitos de ejercicio a los que quedan supeditados[43].

Por ello, respecto de las principales diferencias con el retracto voluntario acerca de la intervención del tercero y la fijación de antemano del precio y condiciones de ejercicio son predicables las consideraciones realizadas anteriormente en relación con el retracto convencional. Así, en la opción no entra en juego la voluntad de enajenación del dueño del bien, sólo están presentes dos voluntades, la del dueño y la del optante, siendo este último quien en todo caso ha de tomar la iniciativa en el ejercicio del derecho, con intervención de un

---

[41] En el mismo sentido, entre otros, DÍEZ-PICAZO, L. y GULLÓN, A.: *op. cit.*, p. 214, y CÁMARA ÁGUILA, P.: *op. cit.*, p. 42. El concepto se ha consagrado legalmente en el Derecho catalán, cuyo art. 568-1.1.a) CCCat la define como el derecho "*que faculta a su titular para adquirir un bien en las condiciones establecidas por el negocio jurídico que la constituye*", pero no en el Derecho navarro a pesar de su expresa previsión en la ley 461 CDFN. Por su parte, el art. 3111-1.3 PCC dispone que "*el derecho de opción faculta a su titular para adquirir la propiedad u otro derecho real sobre un bien por el precio o contraprestación y dentro del plazo de tiempo fijados en el título que lo constituye*".

Por otro lado, la concesión de la opción puede establecerse por el legislador, circunstancia habitual en sectores como el del arrendamiento de viviendas de protección oficial (*vid.* art. 24 del Reglamento de Viviendas con Protección Pública de Madrid aprobado por Decreto 74/2009, de 30 de julio).

[42] Al igual que ocurre con el pacto de retro, que puede considerarse una especie dentro del género opción constituida por vía de reserva, como advierte GARCÍA-AMIGO, M.: *loc. cit.*, p. 106, y pone de manifiesto la declaración de supletoriedad a aquél de la normativa de la opción por los arts. 568-28 CCCat y 3113-20 PCC.

[43] Así, TALMA CHARLES, J.: *loc. cit.*, pp. 2120 y 2121, quien señala que el tanteo sería una opción en la que el optante tan sólo puede ejercitar su derecho cuando el concedente haya decidido previamente transmitir la cosa, mientras que el retracto sería la opción cuando la transmisión ya se ha verificado a favor de un tercero ajeno a la relación opcional. En el mismo sentido, ARECHEDERRA ARANZADI, L. I.: "Los derechos…" *cit.*, p. 124, y la STS 9 febrero 1994, que califica como una especie de opción de compra el derecho incluido en una cláusula del arrendamiento urbano conforme a la cual "en caso de venta de la finca, en bloque o por plantas, el arrendatario tendrá derecho de preferente adquisición en igualdad de condiciones".

No obstante, dicha posibilidad, como ha podido comprobarse, no se ha plasmado con posterioridad al CC en los Derechos navarro y catalán, ni se ha planteado en la reforma planteada por la PCC.

tercero adquirente sólo en caso de vulneración; asimismo, en la opción el plazo y el precio vienen previamente establecidos en el propio negocio constitutivo creador del derecho. Como se ha reiterado, en el retracto vienen provocados por un acto antecedente del dueño (la enajenación realizada), hay presente la voluntad de tres personas (dueño, adquirente y titular del derecho), y el precio a pagar se fija en el momento de la enajenación[44].

No cuenta el Derecho común con una regulación legal global sustantiva del derecho de opción y tampoco de su oponibilidad frente al adquirente en caso de incumplimiento de aquél por parte del concedente, si bien el art. 14 RH admite su acceso al Registro de la Propiedad en el supuesto de que recaiga sobre un bien inmueble[45], de forma que en tal caso gozará indudablemente de oponibilidad frente a dicho adquirente en los términos de la inscripción.

e) Figuras mixtas

En virtud del principio de autonomía privada es admisible ir aún más allá modalizando válidamente los anteriores tipos negociales con la incorporación de caracteres propios de cada uno de ellos, singularmente mediante la creación de figuras atípicas híbridas de los derechos de tanteo/retracto y de opción[46], como los derechos de los que se ocuparon la STS 3 abril 1981 y la RDGRN 4 enero 1927 (*CLJC*, T. 173, pp. 41 y ss). El primero (al que el Alto Tribunal denomina derecho de adquisición preferente atípico) facultaba a su titular para

---

44 *Vid.* las amplias reflexiones al respecto de FELIÚ REY, M. I.: *op. cit.*, pp. 82 a 91, MARTÍNEZ DE AGUIRRE Y ALDAZ, C.: *loc. cit.*, p. 303, LACRUZ BERDEJO, J. L. (y otros): *Elementos de Derecho Civil*, III-vol. 2º, 3ª ed. (revisada y puesta al día por LUNA SERRANO, A.), Dykinson, Madrid, 2009, p. 344, y GARCÍA-AMIGO, M.: *loc. cit.*, pp. 106 y 107.

45 Se establecen en él una serie de exigencias formales como la constancia de la voluntad expresa de las partes para que se inscriba, del precio estipulado para la adquisición de la finca y, en su caso, del que se hubiere convenido para conceder la opción, así como del plazo para el ejercicio de la opción, que no podrá exceder de cuatro años. Esta última previsión sobre la duración máxima representa una limitación a dicha inscripción de dudosa legalidad por encontrarse establecida por un precepto reglamentario sin cobertura alguna de norma con rango legal.

46 Así, BOSCH CAPDEVILA, E.: "Derechos..." *cit.*, pp. 225 y ss, DÍEZ SOTO, C. M.: "Comentario..." *cit.*, p. 10670, MARTÍNEZ DE AGUIRRE Y ALDAZ, C.: *loc. cit.*, pp. 303 y ss, y LACRUZ BERDEJO, J. L. (y otros): *op. cit.*, pp. 344 y ss.

Diferente se presenta el supuesto de hecho litigioso resuelto por la STS 25 junio 2010 (*RJ* 2010/5415), en el que se concedió un muy atípico derecho de adquisición preferente inscrito en el Registro de la Propiedad estructurado así: 1) de planearse una transmisión *inter vivos* de la finca, el dueño tiene obligación de notificar a los titulares el precio y condiciones de la oferta, para que en el plazo de quince días los titulares ejerciten el derecho; 2) si se transmite *mortis causa* la finca, el heredero tiene la obligación de notificar a los titulares la adquisición para que ejerciten el derecho, y de común acuerdo fijen el precio a pagar o en su defecto acudir a un arbitraje de Derecho privado donde se determine. El TS entiende correctamente que el primero se trata de un derecho de tanteo, mientras que el segundo supuesto de ejercicio es considerado derecho atípico próximo a la opción y a la institución modal del art. 797 CC.

adquirir el bien con ocasión de su enajenación del bien por el dueño (tanteo/retracto) por el precio y en el plazo de ejercicio fijados de antemano (opción), mientras que en el segundo, establecido en cláusula testamentaria y calificado como "derecho de adquisición preferente innominado" por la Dirección General, se dispone que si el heredero vende antes de cumplir veinticinco años, habrá de hacerlo a los dos hijos del testador por una cantidad prefijada, en una mezcla de retracto y opción.

En estas figuras, a semejanza de lo que acontece en el tanteo o el retracto el mecanismo del derecho se pone en marcha con la intervención del tercero que pretende adquirir o ha adquirido el bien o derecho sobre el que recae, pues se pretende la preferencia o sustitución del titular frente a aquél, y es necesaria la notificación de la oferta –en caso de tanteo– o el establecimiento de un plazo de ejercicio –caso del retracto–. Por tal razón no se plantea singularidad alguna con respecto al retracto voluntario en lo referente a la eficacia del derecho frente a terceros adquirentes, aunque sí en lo referente al precio o contraprestación a abonar (o consignar) por el titular que desee ejercitarlo, pues se encuentra fijado de antemano en el negocio jurídico constitutivo (como ocurre en el derecho de opción de compra)[47].

f) Prohibiciones voluntarias de disponer

A falta nuevamente de un concepto legal, puede definirse con carácter básico la prohibición de disponer como un gravamen que impone una persona legitimada para ello con el fin de evitar que el bien o derecho sobre el que recae salga del patrimonio de su titular mediante un acto o negocio dispositivo[48], razón por lo que la disparidad jurídica con el retracto voluntario es mayor que la que se da entre éste y las figuras analizadas anteriormente.

Así, mientras la prohibición priva a su titular de la facultad de disposición, quien carece total o parcialmente (p. ej. de donar) en adelante de ella, pero sin

---

[47] En este sentido, comentando la STS 3 abril 1981, MARTÍNEZ DE AGUIRRE Y ALDAZ, C.: *loc. cit.*, pp. 302 y ss. A juicio de BOSCH CAPDEVILA, E.: "Derechos…" *cit.*, pp. 225 y ss, representan el desiderátum en materia de preferencias adquisitivas voluntarias, a fin de evitar una insatisfacción al titular del derecho y al adquirente.

La determinación previa del precio, no obstante, puede generar su devaluación cuando es ejercitado el derecho por su titular en caso de muy prolongada o ilimitada duración del mismo –inconveniente que no se planteará obviamente en caso de retracto voluntario puro–, como ocurrió en el caso resuelto por la STS 3 abril 1981, que solucionó alterando el mismo con base en su actualización (*infra.* V.4.d).

[48] Así, últimamente, LÓPEZ MAZA, S.: *Prohibiciones de disponer: cuestiones generales y alguna que otra particular*, Aranzadi, Pamplona, 2019, p. 21, quien añade en las páginas sucesivas una caracterización de la figura, resaltando su carácter temporal y la necesidad de su justificación causal.

otorgar un correlativo derecho real a otra persona[49], el retracto no impide ni condiciona propiamente la facultad de disponer a su propietario válidamente de su derecho: únicamente limita los sujetos a quienes puede enajenarse polarizándola a favor del titular del derecho y afectando, en consecuencia, exclusivamente al tercero adquirente pero no al dueño[50].

En definitiva, aun representando ambas una traba a la libertad de tráfico del bien, en el caso del retracto ostenta una menor intensidad en relación con la constituida por una prohibición de disponer[51].

En este sentido, la esclarecedora la STS 3 marzo 1995 niega que los específicos tanteos y retractos litigiosos constituyan "*una prohibición de disponer o enajenar en la forma y modo a que se refieren los arts. 785.2.º CC y 26.3º LH*", a lo que añade que representan "*la constitución de un dispositivo voluntario de los donatarios para...evitar que salgan los inmuebles del patrimonio familiar, pero...esa voluntariedad de ejercicio de los codonatarios, excluye por sí misma la prohibición de disponer absoluta que es a la que se refieren los preceptos señalados*". Menor claridad se aprecia en la STS 12 noviembre 1963 (*RJ* 1963/4468), que denomina al derecho litigioso[52] indistintamente como derecho de preferente adquisición –correctamente– y prohibición de la facultad de disposición, con la consiguiente aplicación del art. 27 LH.

Debe tenerse en cuenta que la prohibición persigue que el bien no salga del patrimonio del dueño (o que salga en determinadas condiciones o mediante ciertas enajenaciones), cosa que no acontece en el retracto voluntario, pues este presupone necesariamente un acto previo de disposición válido sobre el bien objeto del derecho a favor de un tercero con ignorancia de la preferencia adquisitiva.

---

[49] Como recuerda LÓPEZ MAZA, S.: *op. cit.*, p. 24, quien cita diversas resoluciones de la DGRN al respecto. *Vid.*, últimamente, la RDGSJFP 4 mayo 2022.

[50] *Vid.* ARANDA RODRÍGUEZ, R.: *loc. cit.*, pp. 893 y 894, CÁMARA ÁGUILA, P.: *op. cit.*, pp. 415 y 416, FELIÚ REY, M. I.: *op. cit.*, p. 77, y LACRUZ BERDEJO, J. L. (y otros): *op. cit.*, p. 341. Por esta razón LÓPEZ MAZA, S.: *op. cit.*, pp. 30 y 37, incardina los derechos de adquisición preferente dentro de la categoría de las limitaciones a la facultad de disposición del dueño.

[51] Este menor vigor en la traba de la preferencia es empleada como argumento interpretativo *a fortiori* de los arts. 26 y 27 LH (que permiten la inscripción en el Registro de la Propiedad de las limitaciones impuestas en acto a título gratuito), por GONZÁLEZ PACANOWSKA, I.: *op. cit.*, pp. 337 y ss, para admitir la inscribibilidad de las preferencias adquisitivas. En idénticos términos, DÍEZ SOTO, C. M.: "Comentario..." *cit.*, pp. 10671-10676. Para LÓPEZ MAZA, S.: *op. cit.*, pp. 25 y ss, la mayor rigurosidad justifica la interpretación restrictiva de la prohibición.

[52] Incorporado en una cláusula de un contrato de arrendamiento conforme a la cual "en el caso de venta de dichas fincas antes de expirar este contrato que no podrá realizarse sin el consentimiento de la arrendataria, ésta será la compradora preferida en iguales condiciones, y desde luego el adquirente vendrá obligado a respetar este contrato". El Tribunal interpreta de forma discutible que la limitación se origina como consecuencia de la exigencia de consentimiento del arrendatario.

Cuestión diferente es que en numerosas ocasiones la finalidad perseguida por ambas figuras pueda ser análoga, señaladamente la de auspiciar en último término la adquisición del bien por el titular del retracto o el favorecido por la prohibición[53] y que, como consecuencia de ello, desde un punto de vista económico el gravamen del retracto, ante la posibilidad de perder la cosa, produzca en la práctica el efecto de que el adquirente ofrezca un menor precio por la cosa, con la consiguiente dificultad de la transmisión y, en definitiva, del tráfico jurídico del bien, como en las limitaciones o prohibiciones.

[53] Así, los derechos que abordó la STS 3 marzo 1995 buscaban conservar o vincular en el seno familiar los inmuebles objeto de la donación. Acerca de las funciones de la prohibición de disponer, *vid.* LÓPEZ MAZA, S.: *op. cit.*, pp. 28 y 37.

III. REGULACIÓN LEGAL DE LA FIGURA

1. DERECHO COMÚN

Como se indicó al inicio del presente trabajo, el Derecho común (y el resto de Derechos forales o especiales con excepción de los de Navarra y Cataluña) carece de regulación general del retracto voluntario[54], laguna normativa origen del mismo.

Subraya la STS 13 mayo 2009 el carácter atípico de la figura, de la que únicamente aparece una aislada previsión en la DT 2ª de la Ley 49/1960, de 21 de julio, de Propiedad Horizontal –en adelante, LPH–, indirecta y meramente incidental, a los solos efectos de establecer la mayoría necesaria ("*80 % de los titulares*") para la válida adopción por la junta de propietarios del acuerdo de subsistencia de los derechos de tanteo y retracto que con anterioridad a la promulgación de la LPH concediesen los estatutos comunitarios a los propie-

---

[54] La mencionada PCC regula detalladamente "los derechos de adquisición" en el Título XI del Libro III, cuyo Capítulo I (arts. 3111-1 a 3111-4) contiene una serie de disposiciones generales comunes a todos los derechos de adquisición (legales o voluntarios, preferente –tanteo/retracto– o no –opción y readquisición–, las dos categorías sobre las que se organiza la regulación), en las que se incluyen las diferentes modalidades y sus definiciones, sus fuentes, la determinación de su naturaleza real y sus requisitos, así como su objeto. Por su parte, el Capítulo III regula los derechos de adquisición de constitución voluntaria, dedicando los arts. 3113-1 y 3113-2 a disposiciones generales en relación con su constitución y cotitularidad, mientras que al que denomina derecho de adquisición preferente (tanteo y retracto) de constitución voluntaria consagra en los arts. 3113-3 a 3113-7 una serie de previsiones sobre actos y negocios que facultan para su ejercicio, duración, reembolsos, transmisibilidad y renunciabilidad.

Puede accederse a ella a través de http://www.derechocivil.net/images/libros/obra_completa.pdf, mientras que la última versión de la regulación de los derechos de adquisición preferente voluntarios (2019) puede consultarse en: http://www.derechocivil.net/images/libros/trabajos%20posteriores/LIBRO_III_TÍTULO_XI_-_DERECHOS_DE_ADQUISICIÓN_DE_CONSTITUCIÓN_VOLUNTARIA.pdf.

Sobre dicha regulación, su redactora, MÁS BADÍA, M. D.: *loc. cit.*, pp. 134 y ss, indica que, aun siendo innecesaria, contiene una sistematización coherente que da respuesta a los problemas que plantean estos derechos a los particulares en aras a la seguridad en el tráfico jurídico.

tarios de los pisos y locales en caso de enajenación de un piso o local por parte de otro dueño[55].

Pese a la ausencia de un reconocimiento normativo expreso de la figura, y más allá de la anterior mención de la regulación sobre propiedad horizontal, parece innegable la inexistencia de obstáculo legal alguno a su constitución al amparo del principio de autonomía de la voluntad consagrado en el art. 1255 CC, y de los arts. 1091 y 1258 del mismo cuerpo legal sin que pueda aquélla considerarse esencialmente contraria a ninguno de los límites generales establecidos en el precepto (ley, moral u orden público), o haya de sufrir restricciones sustanciales por ello, tal y como reiterada y unánimemente han declarado en relación con todas las preferencias adquisitivas negociales doctrina y jurisprudencia[56], habiendo reconocido expresamente esta última la validez de la concesión convencional del retracto en SSTS 13 diciembre 1958, 30 abril 1964, 25 abril 1992, 19 noviembre 1993, 29 abril 2005 o 22 abril 2008.

El retracto voluntario se regirá así, en primer lugar, por las condiciones particulares del específico negocio constitutivo, como subrayan las SSTS 19 noviembre 1993 y 13 mayo 2009 y las SSAAPP Las Palmas 26 marzo 2008 (*JUR* 2008/163424) y Málaga 3 diciembre 2008 (*JUR* 2009/201553), no quedando las partes condicionadas por lo dispuesto para los diversos retractos legales (STS 25 abril 1992), si bien es perfectamente admisible que aquéllas acuerden en su regulación la remisión –total o parcial– a una normativa legal[57].

---

55 El supuesto fue abordado por la SAP Barcelona 1 diciembre 2010 (*AC* 2011/183), mientras que en el caso de la SAP Asturias 6 marzo 2002, aun tratándose de derechos análogos, la finca no se encontraba sujeta a la normativa sobre propiedad horizontal. La Disposición se refiere a los derechos voluntarios incluidos en cláusulas estatutarias, más allá del tanteo convencional (sin retracto) que en caso de venta (no para toda enajenación) que, desde la Ley de 26 de octubre de 1939 hasta la promulgación de la LPH, el art. 396 CC, párrafos 5º y 6º, reconocía al disponer que "*si el propietario de un piso o parte de él, susceptible de aprovechamiento independiente, tratare de venderlo, deberá comunicarlo, con expresión del precio, a los demás propietarios en el edificio, los cuales tendrán, respecto de extraños, preferencia para su adquisición, si dentro de los diez días siguientes al de la notificación formal del aviso, comunicasen al vendedor su voluntad de adquirir.*

En caso de concurrencia con ofertas distintas, la venta se efectuará con el que haya ofrecido mayor precio, y si aquéllas fuesen iguales, será preferido el propietario del piso o parte de piso horizontalmente inmediato al objeto de la venta. En identidad de condiciones, será potestativo del vendedor realizar la venta con cualquiera de los oferentes".

56 *Vid.* O'CALLAGHAN, X.: *op. cit.*, GARCÍA-AMIGO, M.: *loc. cit.*, pp. 104, 105 y 121-122, RIVERA SABATÉS, V.: *op. cit.*, pp. 10 y ss, ARECHEDERRA ARANZADI, L. I.: "Los derechos…" *cit.*, pp. 124 y ss, LACRUZ BERDEJO, J. L. (y otros): *op. cit.*, p. 358, y MÁS BADÍA, M. D.: *loc. cit.*, pp. 134 y ss, o las SSTS 17 noviembre 1931 (referida a un tanteo voluntario de fadiga), 25 abril 1992 y 16 diciembre 2004.

57 Como ocurrió en el caso abordado por la STS 16 febrero 1973 (*RJ* 1973/476), en el que se remitieron a la propia normativa del entonces vigente Texto refundido de la Ley de Arrendamientos Urbanos aprobado por Decreto 4104/1964, de 24 de diciembre –TRLAU–.

No obstante, a pesar de que, como hemos indicado, no puede estimarse que se trate de una vulneración radical del orden público económico, como quiera que sí representa un impedimento indirecto a la libertad del tráfico jurídico del bien o derecho gravado por concernir a terceros –sus eventuales adquirentes, quienes pueden verse obligados a transmitir al retrayente–, el retracto voluntario ha de ser objeto de interpretación restrictiva en caso de duda acerca de la extensión pactada, singularmente en lo referente a su duración o a las transmisiones que originen su nacimiento (*infra.* V.4 b y c), como ya declaró la antigua RDGRN 4 enero 1927[58].

La inexistencia de normativa reguladora plantea, en especial, el (espinoso) interrogante de la determinación de la normativa supletoria en caso de insuficiencia de ordenación convencional que, obviamente, no puede ser suplida por la concisa y accesoria referencia de la LPH, incógnita que se ve agravada por la posibilidad de acudir a tal fin a una variedad de preceptos, los reguladores de las figuras más o menos afines a la figura en estudio, fundamentalmente en lo atinente a la duración máxima del derecho y su plazo de ejercicio (*infra.* V.3 y 4.c).

En primer término, debe rechazarse la aplicación analógica de las escasas previsiones de Derecho sustantivo sobre prohibiciones de disponer, integradas exclusivamente por las restricciones impuestas por los arts. 641 y 785.2º CC (por remisión al art. 781) a las establecidas en donación o testamento, pues, aparte de tratarse de figuras jurídicas sustancialmente heterogéneas en cuanto a su naturaleza y *modus operandi*, entrañan desiguales grados de impedimento a la libertad del tráfico jurídico económico del bien o derecho afectado[59].

En segundo lugar, la falta de identidad de razón, con base en las amplias y esenciales disparidades estructural y de finalidad entre el retracto voluntario y el pacto de retro, impide del mismo modo la aplicación analógica de la normativa propia del segundo contenida en los arts. 1507 y ss CC (con excepción de lo dispuesto en el art. 1518)[60], tal y como sostienen de manera casi unánime doctrina y jurisprudencia.

En especial, ha de descartarse la aplicación del plazo máximo de duración del derecho establecido de forma imperativa por el art. 1508 CC en diez años, habida cuenta de que en el retracto voluntario –a ejercitar en el momento de la

---

58 En el mismo sentido, entre otros, GONZÁLEZ PACANOWSKA, I.: *op. cit.*, pp. 337 a 340.

59 En este sentido, DÍEZ SOTO, C. M.: "Comentario…" *cit.*, pp. 10671 y ss.

60 Aparte de por las notables diferencias entre ambas figuras, no procede tampoco la aplicación supletoria de la normativa reguladora de la opción de compra, al reducirse ésta a la admisión de su inscripción en el Registro de la Propiedad (y los requisitos de acceso) por el art. 14 RH, si bien dicha previsión es una de las que permite admitir (junto con los arts. 2, 26 o 27 LH) con amplitud la inscripción registral del retracto voluntario. Así, LACRUZ BERDEJO, J. L. (y otros): *op. cit.*, p. 358, rechazan la aplicación analógica de aquél.

enajenación por el dueño con abono del precio pagado por el adquirente– no se produce un ataque a la seguridad en el tráfico jurídico como el que se produce en el caso del retracto convencional respecto del cual, al conferir la iniciativa de su ejercicio al vendedor con un precio fijado de antemano, el otorgamiento de un plazo ilimitado de duración provocaría la depreciación del valor monetario[61].

Por el contrario, la plena similitud estructural entre el retracto voluntario y los retractos concedidos por las diferentes leyes (dependientes o no aquél y éstos de un tanteo previo), permitiría entender aplicables por analogía sus normas reguladoras en lo no previsto por las partes.

No obstante, el problema es la inexistencia en las Leyes (particularmente en el CC) de una regulación unitaria de la figura del retracto legal, más allá de los arts. 1521 y 1525 CC (y de la remisión de éste a lo dispuesto en los arts. 1511 y 1518), originando por el contrario la variedad de retractos reconocidos por las Leyes una heterogénea miscelánea de soluciones legales en lo referente a la determinación de los plazos de ejercicio y enajenaciones originadoras del derecho, circunstancia que impide ofrecer una solución uniforme y generalizada a cualquier supuesto de retracto voluntario[62].

---

[61] Como señalan las SSTS 13 diciembre 1958, 3 abril 1981, 25 abril 1992 y 3 marzo 1995, RRDGRN 10 abril 2014 (*RJ* 2014/2381) y 26 abril 2019 (*RJ* 2019/1989), y AMORÓS GUARDIOLA, M.: "Prohibición contractual de disponer y derecho de adquisición preferente (Comentario a la Sentencia del T.S. de 12 de noviembre de 1963)", en *Anuario de Derecho Civil*, vol. 18-4, 1965, pp. 979 y ss, O'CALLAGHAN, X.: *op. cit.*, MEDINA SÁNCHEZ, R.: *op. cit.*, p. 723, RIVERA SABATÉS, V.: *op. cit.*, pp. 14 a 16, RUBIO TORRANO, E.: *loc. cit.* pp. 799 y ss, y ARANDA RODRÍGUEZ, R.: *loc. cit.*, pp. 894 a 896, quien, comentando la STS 3 marzo 1995, considera que la falta de plazo tampoco puede ser complementada analógicamente por el plazo supletorio de cuatro años del art. 1507 CC.

Excepcionalmente, la censurable STS 29 abril 2005 declara erróneamente aplicables los arts. 1507 a 1520 CC al derecho de adquisición preferente (tanteo y retracto) voluntario inserto la cláusula 11ª-3º de un contrato de "abanderamiento", "asistencia técnica" y "abastecimiento de combustible". En este punto declara confusamente (FD 5º) que no se trata "propiamente un derecho de tanteo/retracto convencional, pues el pacto de retro no estaba inserto en un contrato propio de compraventa, siendo aquél, pues, un contrato mixto de la clase indicada, sí se asemeja al mismo, en cuanto una y otra figura tienen las características, que en este caso se la quieren dar las partes a esa cláusula concreta, de 'derecho de adquisición o de preferencia', reconocido en la doctrina, y conocido con el nombre de 'retracto voluntario', pactándose, pues, una adquisición preferente del objeto de la venta que posteriormente se realice por el titular, como reconoce la jurisprudencia al interpretar el art. 1507". En el mismo sentido la SAP Barcelona 3 noviembre 2009 (*AC* 2010/180) declara expresamente aplicable el plazo de 10 años fijado en los arts. 1508 CC y 26 de la Ley catalana 22/2001 a la sazón vigente.

[62] Art. 1511: "*El comprador sustituye al vendedor en todos sus derechos y acciones*".

Art. 1518: "*El vendedor no podrá hacer uso del derecho de retracto sin reembolsar al comprador el precio de la venta, y además:* 1.º *Los gastos del contrato y cualquier otro pago legítimo hecho para la venta.* 2.º *Los gastos necesarios y útiles hechos en la cosa vendida*".

Art. 1521: "*El retracto legal es el derecho de subrogarse, con las mismas condiciones estipuladas en el contrato, en lugar del que adquiere una cosa por compra o dación en pago*".

Art. 1525: "*En el retracto legal tendrá lugar lo dispuesto en los artículos 1511 y 1518*".

En consecuencia, en defecto de regulación convencional puede considerarse aplicable supletoriamente con carácter general lo dispuesto por el art. 1518 CC, en cuanto a la contraprestación que ha de abonar el retrayente que ejercite su derecho[63], y por el art. 1521 CC respecto de las enajenaciones que activan el mecanismo retractual, si bien en este caso con mayores dudas, puesto que a pesar de su carácter general en la regulación del Código, son varias las figuras legales para las cuales se extiende o disminuye el abanico de las mismas[64].

En el resto de cuestiones huérfanas de regulación negocial, señaladamente, como decimos, la duración o el plazo de ejercicio del derecho, no existen reglas de aplicación supletoria general, al ser los de los diferentes derechos de lo más variado[65], lo que no obsta a que la analogía de un determinado retracto voluntario con alguna de las preferencias legales (*v. gr.* de comuneros o arrendaticio) permita estimar aplicable por analogía su concreta regulación de forma parcial (*infra*. V.4.c)[66], regla que es asimismo extensible al ámbito de las enajenaciones que originan el derecho, si bien en relación con este último, la ausencia de una

---

Dicha aplicación supletoria general fue rechazada por la STS 16 diciembre 2004, considerando que el derecho litigioso se regía por la voluntad de los constituyentes.

Sin embargo, la aplicación de las normas del CC, particularmente la regulación del tanteo y retracto enfitéuticos, fue inicialmente una práctica habitual en la doctrina de la DGRN (Res. 4 enero 1927) y la jurisprudencia, como puede comprobarse en la STS 7 mayo 1927, que aplica por su proximidad la normativa de la enfiteusis (arts. 1637 y 1638 CC) a un amplísimo y genérico derecho de adquisición preferente constituido testamentariamente, semejante a juicio del TS al retracto de abolengo, para colmar las lagunas relativas a la notificación y fijación del plazo de ejercicio del mismo.

63 O'CALLAGHAN, X.: *op. cit.*, MEDINA SÁNCHEZ, R.: *op. cit.*, p. 723, o RIVERA SABATÉS, V.: *op. cit.*, pp. 14 a 16, consideran aplicables las normas comunes a los retractos legales.

64 Así, para el retracto arrendaticio urbano el art. 25 LAU únicamente se refiere a la venta, mientras que, por ejemplo, el art. 22.2 LAR amplía el retracto a toda transmisión *ínter vivos* de fincas rústicas arrendadas, incluida la donación, aportación a sociedad, permuta, adjudicación en pago o cualquiera otra distinta de la compraventa, de su nuda propiedad, de porción determinada o de una participación indivisa de aquéllas.

Curiosamente, la STS 17 noviembre 1931 de forma discutible declaró aplicable analógicamente la normativa del art. 1521 CC –junto a la relativa a los derechos de adquisición preferente enfitéuticos–, a un tanteo convencional no conectado a un retracto; de manera más correcta, la STS 20 julio 1998 (*RJ* 1998/6603) declaró inaplicables los arts. 1521 y 1522 CC a otro tanteo convencional independiente, mientras que la STS 25 junio 2010 hizo lo mismo con los arts. 1518 y 1521 CC al derecho litigioso alejado totalmente del retracto voluntario.

65 RUBIO TORRANO, E.: *loc. cit.* pp. 799 y ss, estima algo forzado aplicar el plazo del art. 1524 CC.

66 En el mismo sentido, RUBIO TORRANO, E.: *ibídem*, DÍEZ SOTO, C. M.: "Comentario..." *cit.*, pp. 10671-10676, ARANDA RODRÍGUEZ, R.: *loc. cit.*, pp. 894 a 896, en su comentario a la STS 3 marzo 1995, y MARTÍNEZ DE AGUIRRE Y ALDAZ, C.: *loc. cit.*, p. 307, comentando la STS 3 abril 1981.

No obstante, la STS 13 mayo 2009 negó (en contra de lo resuelto por la Audiencia Provincial) la aplicación de la normativa de los arts. 47 y ss TRLAU al retracto voluntario en lo referente a la exclusión del retracto arrendaticio urbano de una parte del edificio en caso de venta de su totalidad como pretendían los demandados. En términos análogos, la STS 6 febrero 1991 (*RJ* 1991/1148) desecha asimismo la interpretación extensiva de la normativa arrendaticia urbana por tratarse de

concreta regulación legal afín parece determinar la aplicación de lo dispuesto en el art. 1521 CC como indicamos en el anterior párrafo[67].

2. DERECHO NAVARRO

Como se ha mencionado al hilo de la definición y comparativa con figuras afines, cuenta la CDFN con una expresa regulación del retracto voluntario junto con el resto de derechos de adquisición convencional (opción y tanteo) en las leyes 460 y 462, integradas en el Capítulo IV del Título VI del Libro III.

Así, la ley 460 contiene una serie de previsiones comunes a los tres derechos cuando se constituyan con carácter real[68], relativas a su libre transmisibilidad, negocios constitutivos en los que (con gran amplitud) pueden establecerse, objeto y oponibilidad frente a terceros e inscribibilidad registral. Por su parte, la ley 462, referida exclusivamente ya a los derechos de tanteo y retracto, establece la conversión de aquél en éste en caso de burla, así como previsiones concretas en cuanto a su duración, plazo y enajenaciones en que procede su ejercicio. A todas ellas se hará referencia con posterioridad en relación con el régimen y los requisitos de eficacia del derecho.

3. DERECHO CATALÁN

Asimismo, el derecho de retracto voluntario real es regulado con gran detalle en el Derecho catalán por los arts. 568-1 a 568-7 y 568-13 a 568-15 CCCat[69].

Así, los arts. 568-1 a 568-7 regulan el derecho junto al resto de adquisición voluntaria, en lo relativo al concepto (568-1), constitución y eficacia (568-2, 5 y 6), objeto (568-3), cotitularidad (568-4) y extinción (568-7), mientras que los

una limitación del dominio, si bien no se pronuncia expresamente con respecto a la extensión al retracto voluntario.

[67] Los arts. 3113-3, 5 y 6 PCC declaran aplicables a los derechos de adquisición de constitución voluntaria lo dispuesto para los derechos de origen legal en los arts. 3112–.1 a 6 (en lo referente a las condiciones y requisitos de ejercicio del derecho, actos que lo ponen en marcha, plazo de ejercicio, reembolsos…), remisión universal factible por la existencia de una regulación unitaria de los derechos legales de adquisición preferente.

[68] En caso de que se constituyan con carácter personal, el precepto remite a la regulación "de las estipulaciones" contenida en las leyes 515 a 530 del Título II del Libro IV (reformadas por Ley Foral 21/2019, de 4 de abril), remisión poco apropiada –habida cuenta de su contenido– más allá de las leyes generales relativas a la promesa.

[69] Preceptos que sustituyeron a los arts. 19 y ss de la Ley 22/2001, de 31 de diciembre, de regulación de los Derechos de Superficie, de Servidumbre, y de Adquisición Voluntaria o Preferente, en los que en contraste con la vigente normativa se admitía la constitución del tanteo con carácter personal, cuya ineficacia frente al tercero adquirente en caso de incumplimiento por el dueño era declarada de forma expresa por el art. 30.3 al disponer que "*si el objeto está legalmente en poder de terceras personas, es procedente la indemnización de daños y perjuicios*".

arts. 568-13 a 568-15 regulan en relación con los derechos de tanteo y retracto, su duración (568-13), ejercicio (568-14) y el supuesto de conversión del tanteo en retracto en caso de burla (568-15); volveremos a hacer referencia a ellos en los próximos apartados.

IV. CARÁCTER REAL Y EFICACIA FRENTE A TERCEROS

1. CARÁCTER REAL DEL RETRACTO VOLUNTARIO

El interrogante de la eficacia del retracto voluntario frente al adquirente del bien objeto del derecho se ha insertado tradicionalmente –y específicamente así lo hacen los Derechos catalán y navarro– dentro del debate, más general, acerca de la naturaleza real o personal del retracto como derecho encuadrado en la categoría más amplia de los derechos de adquisición preferente.

En este sentido, aun cuando la antigua y clara línea divisoria (presente desde el Derecho romano) entre las categorías de derecho real y personal ha sufrido una difuminación –a la que ha contribuido justamente la naturaleza de los derechos de adquisición preferente– es general la consideración del mantenimiento de la clásica distinción a pesar de los intentos superadores de la misma con base especialmente en la lesión del crédito por terceros.

Así, los derechos reales son caracterizados en la doctrina tradicional por dos notas esenciales: en primer lugar, la inmediatez o inherencia (poder directo) en relación con el objeto sobre el que recaen; en segundo, la que al efecto de nuestro estudio mayor interés presenta, la eficacia universal o *erga omnes* que concede a su titular una facultad de reipersecutoriedad, de manera que pueda hacerlo valer frente a los adquirentes o subadquirentes del bien gravado, en contraposición a los derechos de crédito, inoponibles a terceros de acuerdo con el principio de relatividad consagrado en el art. 1257, párrafo 1º CC[70].

---

[70] *Vid.*, entre otros, la STS 3 marzo 1995, LACRUZ BERDEJO, J. L.: *Elementos de Derecho Civil*, tomo III, vol. I-I, 2ª ed., Bosch, Barcelona, 1988, pp. 10 y ss, CASTÁN TOBEÑAS, J.: *Derecho civil español, común y foral*, T. 2º: Derecho de cosas. Vol. 1º: Los derechos reales en general, el dominio, la posesión, 14ª ed., Reus, Madrid, 1992, p. 33, DÍEZ-PICAZO, L.: *Fundamentos del Derecho civil patrimonial*, vol. III: Derechos reales, Civitas, Madrid, 1993, pp. 68 y ss., GARCÍA GARCÍA, J. M.: *Derecho inmobiliario registral o hipotecario*, tomo III, Civitas, Madrid, 2002, p. 284, y BARBER CÁRCAMO, R.: "La eficacia de los derechos reales patrimoniales", en *Anuario de Derecho Civil*, vol. 61-3, 2008, pp. 1217-1260, quien en su extenso análisis entiende que la acción real defiende la integridad (física y jurídica) de la cosa, y como consecuencia de la reipersecutoriedad

De incluirse en esta categoría los derechos de adquisición preferente (y, más concretamente, el retracto) dicha oponibilidad frente a terceros se generaría de manera automática, pudiendo en consecuencia el titular del derecho hacerlo valer no sólo frente a quien constituyó el derecho o al propietario actual, sino también frente a los terceros que, posteriormente, hayan adquirido la cosa.

En cambio, si se configuran como personales, en puridad de principios sólo podrán hacerse valer contra el concedente o titular y, en consecuencia, no serán oponibles al tercer adquirente, aunque fuera de mala fe, de manera que el titular del derecho sólo podrá pedir una indemnización de daños y perjuicios al concedente del mismo[71].

En consecuencia, la oponibilidad del retracto voluntario requiere que este cumpla con los requisitos estructurales de los derechos reales, como exigieron la STS 3 marzo 1995 y la RDGRN 4 mayo 2009 (referida a una nueva garantía), básicamente, la inmediatez o posibilidad de ejercicio directo y la absolutidad o deber general de abstención, con regulación de todas las consecuencias jurídicas y como veremos, en su caso, de la correspondiente publicidad (seguridad en último término).

Al respecto, cierta doctrina y jurisprudencia (*vid.* STS 3 marzo 1995[72]) han discutido dicho encuadramiento con base en diversas razones.

La primordial, porque la primera de las dos características indicadas, el poder inmediato –la inmediatez o gravamen directo– sobre el bien que faculta la actuación directa sobre él sin ayuda del deudor, se encuentra muy diluida o es inapreciable en el retracto, al tratarse de un derecho que no conlleva aparejada una posesión material, ausencia de poder directo e inmediato que lleva a algunos autores, si bien minoritarios, a negar de forma categórica el carácter real de los derechos de adquisición preferente[73].

del derecho, puede ejercitarse frente a cualquiera que la comprometa, sin que la tutela aquiliana del crédito pueda conducir a la confusión sobre el contenido y el fundamento respectivo de la acción real, la personal y la general de respeto a la esfera jurídica ajena.

[71] Como indican MÁS BADÍA, M. D.: *loc. cit.*, p. 136, y MONSERRAT VALERO, A.: *loc. cit.*, pp. 1131-1133, quien matiza que sólo si se inscribe en el Registro de la Propiedad será oponible el derecho personal. Sin embargo, esta conclusión es contradicha por las SSTS 24 octubre 1990 y 13 febrero 1997 (*RJ* 1997/944), que estiman que el derecho personal, aun no inscrito, perjudica al tercero adquirente conocedor del derecho o de mala fe.

[72] Si bien la afirmación del Alto Tribunal se advierte excesiva si se tiene en cuenta que en el caso resuelto parece que el derecho de tanteo/retracto voluntario se encontraba inscrito en el Registro de la Propiedad.

[73] Este es el principal argumento que lleva a manifestarse en contra de la naturaleza jurídico-real de estos derechos a VALLET DE GOYTISOLO, J. B.: *Estudio sobre derecho de cosas*, Montecorvo, Madrid, 1973, p. 187. Con mayores dudas, *vid.* ARECHEDERRA ARANZADI, L. I.: "Los derechos…" *cit.*, pp. 124 y ss, y DÍEZ-PICAZO, L.: *Fundamentos… cit.*, p. 102.

No obstante, dicha característica puede considerarse implícita asimismo en los derechos de adquisición preferente y más pronunciadamente en el retracto pues la misma ha de conceptuarse de forma más correcta como la capacidad de su titular para hacerlo efectivo de forma directa por sí mismo sin intermediación de otra persona: en nuestro caso, el retrayente no requiere para su ejercicio de la colaboración del constituyente o dueño transmitente[74], obedeciendo la carencia de un poder material sobre el bien objeto al contenido propio del derecho, que no otorga al titular el goce o disfrute sobre aquél.

Pero aun si se considera cierta la ausencia de inmediatez, es sin duda la eficacia *erga omnes*, el poder de exclusión de un tercero interesado, como nota definitoria clásica de la categoría del derecho real, la que conduce al encuadramiento del retracto como derecho de naturaleza real, pues más allá de la inmediación posesoria, ha de ser dicha eficacia absoluta la característica determinante para identificarlo como tal[75]. Así, las RRDGRN 19 septiembre 1974 (*RJ* 1974/5051) y 18 febrero 2016 (*RJ* 2016/2981), admiten expresamente la posibilidad de creación de derechos de adquisición voluntarios de naturaleza real (y su consiguiente inscripción registral).

En este sentido, dicho carácter se muestra de manera más acentuada en el retracto voluntario pues presupone la transmisión del bien a un tercero, y se ejercita de forma necesaria directamente por el titular retrayente frente al tercero adquirente del bien: en otros términos, es consustancial a la figura retractual –ya tenga su origen en la ley o en un negocio jurídico–, hasta el punto de que si no es configurada como real o se le reconoce eficacia real, la misma carece de sentido,

---

[74] Así, RUBIO TORRANO, E.: *loc. cit.*, pp. 799 y ss, y FELIÚ REY, M. I.: *op. cit.*, pp. 122 y ss.

[75] A favor de su naturaleza real, o admitiendo que pueda constituirse bien con naturaleza real, bien con carácter meramente personal, GARCÍA CANTERO, G.: *op. cit.*, quien se muestra concluyente al considerar que los derechos de adquisición preferente atribuyen a su titular un derecho real sobre una cosa, otorgando a su titular una acción ejercitable *erga omnes,* ALBÁCAR LÓPEZ, J. L.: "Artículos 1506 a 1525", en *Código civil. Doctrina y Jurisprudencia*, t. V, Trivium, Madrid, 1992, pp. 370 y ss, DE DIEGO, C.: *Instituciones de Derecho civil español*, Madrid, 1959, pp. 515 y ss, ESTRUCH ESTRUCH, J.: *Los derechos de adquisición preferente regulados en la Ley de arrendamientos rústicos y en la Ley de arrendamientos rústicos históricos*, Editorial Práctica de Derecho, Valencia, 1996, p. 22, PUIG BRUTAU, J.: *Fundamentos de Derecho civil*, III, Bosch, Barcelona, 1983, pp. 393 y ss; ROCA-SASTRE, R. M. y ROCA-SASTRE MUNCUNILL, L.: *Derecho Hipotecario*, III, 7ª ed., Bosch, Barcelona, 1979, pp. 585 y ss, CASTIÑEIRA JEREZ, J.: "Algunas consideraciones sobre la distinta configuración del derecho de opción como personal o real y la regulación de la pérdida del objeto en el Código Civil de Cataluña", en LLEBARÍA SAMPER, S. (coord.): *Un Codi per al Dret civil de Catalunya: idealisme o pragmatisme?: (estudis en commemoració del 50è aniversari de la Compilació)*, Bosch, Barcelona, 2011, pp. 313-329, RIVERA SABATÉS, V.: *op. cit.*, pp. 10 y ss, ARECHEDERRA ARANZADI, L. I.: "Los derechos…" *cit.*, pp. 124 y ss, SANTOS BRIZ, J.: "Derechos reales de adquisición o de preferencia en la práctica jurídica española", en *Revista de Derecho Privado*, vol. 55-4, 1971, p. 338, PÉREZ ÁLVAREZ, M. A.: *op. cit.*, p. 641, MARTÍNEZ DE AGUIRRE Y ALDAZ, C.: *loc. cit.*, pp. 303 y 304, y MÁS BADÍA, M. D.: *loc. cit.*, p. 136.

frente a lo que ocurre con el resto de derechos de adquisición (preferente o no), que no han de ejercitarse necesariamente frente a dicho adquirente (aunque en el caso del tanteo sí ha de intervenir ineludiblemente un tercero)[76].

Efectivamente, un retracto personal, aun cuando en abstracto se admita nominal y descriptivamente su constitución –como proponen algunos autores y resoluciones, o incluso podría deducirse de la referencia que sin distinción efectúa la ley 460 CDFN a la constitución como derechos reales de opción, tanteo y retracto–, es un absurdo jurídico, ya que no es en ningún caso ejercitable frente al adquirente, quien no puede ser obligado a la transmisión de la propiedad al retrayente.

La negativa a dicha transmisión, cuando se trata del resto de derechos de adquisición (opción, tanteo y retracto convencional) habrá de ser resuelta a lo sumo con una indemnización de los daños y perjuicios sufridos por el titular (bien en la cuantía fijada convencionalmente, bien en la acreditada por éste), arma muy débil de protección, que desvirtúa totalmente la finalidad del derecho y lo convierte *de facto* en inútil: ante un tercero ajeno a su constitución no tendrá ningún valor de cara a la adquisición preferente y sólo facultará al titular para reclamar una indemnización al propietario como consecuencia de su incumplimiento.

Pero cuando se trata de un retracto voluntario con carácter personal, su titular ni siquiera cuenta con esa frágil protección, pues no puede utilizarla frente al propietario, cuyo comportamiento ha sido correcto, o contra el tercero que no ha de aceptar sus efectos (al menos si desconocía la existencia del retracto); la ineficacia del retracto personal se deriva de su propia naturaleza y no de la conducta del propietario que en modo alguno ha incumplido.

Así, si la configuración de los derechos de adquisición preferente con carácter personal resulta ya un tanto inoperante o impotente, se muestra completamente inútil en el caso del retracto voluntario, porque no aprovechando los caracteres de exclusividad y reipersecutoriedad de un derecho real que posibilitan por otra parte lo que es razón de su existencia (la adquisición preferente sea quien sea la persona que haya adquirido), no ofrece otras ventajas; la conformación personal sólo concedería a su titular acción personal contra el propietario, pero como éste no ha incumplido (pues no tiene obligación de

[76] Si bien en el caso del retracto convencional se establece tal eficacia por expresa declaración del art. 1510 CC, salvo aplicación de la normativa hipotecaria. En el mismo sentido, implícitamente la dispone el art. 568-32.1 CCCat para el derecho de redimir en la venta a carta de gracia, y de forma expresa el art. 3113-17 PCC para el derecho de readquisición, salvo en caso de que el adquirente sea de buena fe. Igualmente, se prevé la eventual eficacia de la opción de compra en las leyes 461, *in fine* y 578, párrafo 2º CDFN, 568-9.1 CCCat (por remisión del art. 568-28) y 3113-12-2 PCC.

notificar la enajenación, a diferencia de lo que ocurre con el tanteo), no hay lugar a la indemnización.

Un retracto con eficacia personal sólo operaría plenamente en caso de que el futuro adquirente prestase su consentimiento en el título constitutivo, lo que exigiría la determinación con antelación del eventual adquirente y que éste aceptase sujetar su adquisición a una eventual claudicación, circunstancias ya de por sí inéditas, pero que, además, de concurrir daría lugar a una preferencia ajena al concepto y características propios del retracto.

En definitiva, es esencial y no consecuencial en el retracto la eficacia frente a terceros por ser no sólo una pretensión adquisitiva sino una pretensión adquisitiva preferencial: si poco frecuente es la creación de retracto voluntario con carácter real, aun menos ha de serlo con carácter personal[77].

Por tanto, y con fundamento en el art. 1255 CC –pues no se vulneran la ley, la moral o el orden público– y en el sistema de *numerus apertus* de creación de nuevos derechos reales el retracto voluntario puede configurarse como derecho real limitado al recaer directamente sobre el objeto gravado con exclusión absoluta de cualquier tercero respecto de su adquisición, que entraña una restricción del derecho de propiedad en la práctica, por cuanto reduce la posibilidad de enajenación del dueño quien verá disminuida la cantidad de potenciales adquirentes ante la eventual resolución de su adquisición, aunque las propias partes pueden pactar que el retracto únicamente pueda ejercitarse contra determinado/s adquirente/s[78].

Se trata, así, de un verdadero derecho subjetivo de carácter real, por cuanto concede a su titular un poder sobre un bien o derecho concreto con eficacia *erga omnes* (con exclusión de cualquier otro de su adquisición como preferencia adquisitiva) que afecta específicamente (como derecho limitado) al poder de

[77] En este sentido, MONSERRAT VALERO, A.: *loc. cit.*, pp. 1130-1131, DEL POZO, P., VAQUER ALOY, A. y BOSCH CAPDEVILA, E.: *Derecho Civil de Cataluña. Derechos Reales*, Marcial Pons, Madrid-Barcelona-Buenos Aires, 2012, p. 401, ARECHEDERRA ARANZADI, L. I.: "Los derechos…" *cit.*, pp. 124 y ss, ARANDA RODRÍGUEZ, R.: *loc. cit.*, pp. 894 a 896, y MEDINA SÁNCHEZ, R.: *op. cit.*, pp. 312 y ss.

[78] Como señala RIVERA SABATÉS, V.: *op. cit.*, pp. 10 y ss, y ocurrió con el atípico derecho de adquisición preferente sobre el que recayó la RDGRN 27 marzo 1947 (*RJ* 1947/440), en el que los contratantes establecieron en la cláusula constitutiva la vinculación únicamente para éstos y sus herederos, lo que condujo a la Dirección General a declarar su carácter personal. En el supuesto que resolvió la RDGRN 20 marzo 1911 (*Roca-Sastre/Molina: Jurisprudencia registral,* IV, 1906-1916, pp. 642 y ss), el pacto incluido en un contrato de compraventa de una finca, establecía que la compradora "se obliga a no venderla, gravarla ni permutarla sin dar aviso previo al vendedor por medio de acta notarial, y transcurrido que sea el plazo de dos meses, a contar desde la fecha del aviso, sin que el repetido vendedor haya hecho uso de su derecho, en este caso, la compradora podrá libremente transmitir esta expresada finca a quien tenga por conveniente, y ejercitar los demás actos de dominio".

disposición incluido en el derecho de propiedad de un tercero, estableciendo una limitación sobre el mismo[79].

En este sentido, se muestra terminante en relación con la condición real del tanteo más retracto litigioso, aun cuando no fue inscrito, la STS 13 diciembre 1958; de igual forma, las SSTS 29 abril 2005, 22 abril 2008 y 13 mayo 2009 emplean como *ratio decidendi* la condición real del derecho de retracto voluntario, con la consiguiente oponibilidad a los compradores respectivos, precisando la segunda que no carece de trascendencia la distinción entre los efectos personales *–inter partes–* y reales *–erga omnes–*.

No obstante, estas tres últimas realizan tal afirmación –de forma cuestionable– con base en que los arts. 2.1 y 2 y 37.3º LH y 14 RH permiten su inscripción registral, como una forma de liquidar o extinguir una relación anterior mediante la realización de las prestaciones del art. 1518 CC, con participación así de la doble vertiente del derecho real y de la relación contractual.

Ciertamente, la STS 13 mayo 2009 declara el carácter real del retracto voluntario con independencia de su inscripción registral[80], añadiendo *ex abundantia* la explícita permisibilidad de su configuración real por la Ley 460 CDFN y los arts. 568-5 a 568-7 CCCat, aunque las partes nada estipularon en el contrato (ha de recordarse asimismo que si se pacta un retracto únicamente como en el caso planteado se pretende su eficacia frente al adquirente).

Debe, sin embargo, reconocerse que dicha fundamentación ha de tomarse en estos casos como más aparente que definitiva, porque la oponibilidad en los respectivos fallos se apoya de forma más concluyente en el conocimiento por el tercero del derecho[81].

Aunque con mayores dudas, la SAP Barcelona 1 diciembre 2010 tampoco advierte finalmente obstáculo alguno para la constitución de un retracto voluntario con carácter real con base en el sistema de *numerus apertus* en materia de derechos reales conforme al art. 7 RH, al amparo del principio de libertad contractual (o de libertad civil en general) y con cita de la STS 13 mayo 2009, de forma que el derecho afectaría a cualquiera que sea el dueño de la cosa sobre

---

[79] Como indica GARCÍA-AMIGO, M.: *loc. cit.*, pp. 101 y ss.

[80] Frente a lo resuelto por la sentencia recurrida que estimó la inoponibilidad del derecho entre otras razones por su naturaleza puramente obligacional y falta de inscripción en el Registro de la Propiedad.

[81] Como acertadamente pone de manifiesto MARÍN LÓPEZ, J. J.: "SENTENCIA DE 13 DE MAYO DE 2009: Retracto voluntario: distinción del retracto convencional y del retracto legal. Calificación del derecho de retracto voluntario como derecho real; eficacia frente a terceros y oponibilidad del retracto voluntario no inscrito en el Registro de la Propiedad", en *Cuadernos Civitas de Jurisprudencia Civil*, nº 82, 2010, pp. 405-408.

la que el derecho recaiga y a cualquier adquirente, con el correspondiente haz de facultades y obligaciones en relación directa con el bien[82].

En cambio, la SAP Asturias 6 marzo 2002 declara que el tanteo y retracto voluntario son acuerdos de carácter personal y no real (a diferencia del retracto convencional del CC), si bien admite la oponibilidad del derecho pactado frente a terceros en caso de inscripción en el Registro de la Propiedad, algo que no aconteció en el caso resuelto.

En contraposición al retracto voluntario, el tanteo convencional aislado –téngase en cuenta que nunca es así concedido por el legislador– ostenta siempre carácter personal y sólo gozará de eficacia real en el supuesto de su conversión en retracto cuando son ambos establecidos conjuntamente[83].

En el tanteo convencional, el incumplimiento por parte del dueño enajenante de sus obligaciones de notificación únicamente originará la correspondiente indemnización de daños y perjuicios[84], al tratarse de una preferencia inoponible, dado su carácter crediticio (art. 1257 CC).

Idénticas consideraciones pueden efectuarse con respecto a la opción de compra, si bien en caso de que ésta acceda al Registro de la Propiedad (art. 14 RH) gozará de la correspondiente oponibilidad frente al tercero a quien el concedente haya transmitido el bien durante el plazo de vigencia del derecho.

Es ilustrativa en este punto la STS 16 diciembre 2004, recaída sobre un derecho de tanteo convencional con carácter obligacional que no incluía retracto adicional, que explícitamente declara de forma correcta que aquél permite su ejercicio *inter partes* y no frente a terceros, para quienes es *res inter alios*, por lo que en caso de incumplimiento de la obligación de notificación (burla del tanteo) podrá declararse exclusivamente la impugnación de la venta o la indemnización de daños y perjuicios (que correrá a cargo del sujeto que convino el derecho o aceptó el constituido en negocio unilateral o, eventualmente también del adquirente que conocía la existencia del derecho, en este caso por vía de responsabilidad extracontractual)[85]; a ello añade que, aun admitiendo

---

[82] En el caso abordado ello suponía a su juicio una carga sobre los propietarios de cada uno de los dos departamentos en que se dividió el edificio, si bien considera que se trata de una limitación de la posibilidad de transmitir, con establecimiento de un derecho vinculado a la propiedad de cada uno de los dos departamentos, recíprocos en ambos casos.

[83] Como señalan PÉREZ ÁLVAREZ, M. A.: *op. cit.*, p. 641, y FELIÚ REY, M. I.: *op. cit.*, p. 101, e indirectamente reconocen las leyes 445, párrafo 2º y 462, párrafo 1º CDFN, y los arts. 568-15.1 CCCat y 3112-3 –por remisión del art. 3113-5- PCC.

[84] *Cfr.* ley 524 –por remisión de la ley 460– CDFN y art. 3112-4 –por remisión del art. 3113-5- PCC, si bien en este caso aun previéndose la conversión en retracto, algo que no hace el CCCat.

[85] Así, MÁS BADÍA, M. D.: *loc. cit.*, p. 136.

BARBER CÁRCAMO, R.: *loc. cit*, p. 1250, considera plenamente acertada la resolución. En el mismo sentido se pronuncian DÍEZ-PICAZO, L. y GULLÓN, A.: *op. cit.*, p. 215, FELIÚ REY,

la categoría del contrato en daño de tercero como excepción a la relatividad contractual, no puede convertirse al titular en comprador con subrogación en la posición del tercer adquirente (en el caso se había ejercitado la acción de retracto), como si se tratara de un derecho real.

En el mismo sentido, se pronuncian el ATS 28 noviembre 2018 (*JUR* 2018/325171) y la SAP Asturias 25 febrero 2020 (*JUR* 2020/110738), si bien esta hace referencia erróneamente al retracto voluntario.

Por su parte, la SAP Las Palmas 26 marzo 2008, aun declarando que la eficacia real del tanteo no queda a la libre disposición de las partes, por tratarse de una cuestión de orden público que afecta a la seguridad del tráfico inmobiliario frente a los derechos de terceros, admite su oponibilidad a través de su posterior inscripción en el Registro de la Propiedad; de no ser así, el tanteo únicamente producirá efectos personales (art. 1257 CC), y su incumplimiento generará una mera indemnización de daños y perjuicios; en idénticos términos, la SAP Málaga 3 diciembre 2008.

2. INSUFICIENCIA DEL CARÁCTER REAL COMO CRITERIO OMNÍMODO DE EFICACIA FRENTE A TERCEROS

No obstante, una vez aceptado el carácter real del retracto, surge una duda preliminar acerca de si el mismo viene determinado por la constancia del negocio constitutivo en una concreta forma documental o por su publicidad oficial, especialmente mediante la inscripción del derecho en el Registro de la Propiedad, cuando el mismo recaiga sobre un bien inmueble (o equivalentes a él cuando tenga por objeto otro tipo de bienes), de forma que la misma opere así a modo de requisito constitutivo, a semejanza de lo que ocurre con la hipoteca (arts. 1875 CC y 145 LH) o la superficie urbana (art. 53 del Texto Refundido de la Ley del Suelo aprobado por RDLeg. 7/2015, de 30 de octubre –TRLS–).

De esta manera, gozaría únicamente de eficacia real el retracto inscrito, careciendo en caso contrario de la misma, aun cuando el tercero hubiese adquirido

M. I.: *op. cit.*, pp. 102 y ss, con abundante cita doctrinal y jurisprudencial, y GARCÍA-AMIGO, M.: *loc. cit.*, pp. 104 y 105, para quien es posible constituir la preferencia como derecho personal, con la eficacia típica de éstos, es decir, exigiendo la transmisión al deudor sólo y si este incumple, exigir la ejecución forzosa en forma específica si aún fuere posible o, en su caso, la indemnización de daños y perjuicios (si se transmitió el bien a un tercero).

Con respecto a la opción, *vid.* TALMA CHARLES, J.: *El contrato de opción*, Bosch, Barcelona, 1996, pp. 315 y ss, y la STS 9 febrero 1994, la cual tras considerar –de forma discutible a nuestro juicio– que la cláusula arrendaticia litigiosa ("en caso de venta de la finca, en bloque o por plantas, el arrendatario tendrá derecho de preferente adquisición en igualdad de condiciones") contenía una especie de opción de compra, declaró que obligaba a las partes otorgantes y a sus herederos (art. 1257 CC) pero no a los compradores –terceros ajenos–, sin perjuicio de las consecuencias obligacionales del incumplimiento.

a título gratuito y conociese el convenio de constitución del derecho, por la sencilla razón de no haber nacido este, exigencia que es establecida como tal en la actualidad por el Derecho catalán[86], con la equiparación así *de facto* y *de iure* de carácter real y constitución formal/inscripción registral [87].

Indudablemente el carácter constitutivo de la inscripción registral del retracto (y, en menor medida, la constancia en documento público) redundaría en favor de la seguridad en el tráfico jurídico habida cuenta de la ausencia de virtualidad posesoria del retracto, y más específicamente en beneficio del adquirente (especialmente en el caso extremo de que existan sucesivas transmisiones del bien sobre el que recae el derecho)[88].

Sin embargo, no puede perderse de vista que no existe en el Derecho común norma alguna que haga depender la condición real de una determinada forma documental o de la inscripción registral vinculando aquélla a éstas a modo de requisito *sine qua non*.

Ciertamente, la condición real del derecho es presupuesto general de la publicidad registral[89], pero ello no permite alterar, ante el silencio legal en relación

---

[86] Art. 568-2.1 CCCat, conforme al cual, "*los derechos reales de adquisición se constituyen en escritura pública y, si recaen sobre bienes inmuebles, deben inscribirse en el Registro de la Propiedad*". En este sentido, la SAP Barcelona 1 diciembre 2010, tras haber admitido sin ambages, como se vio, el carácter real del retracto voluntario, con posterioridad afirma que el mismo es oponible a cualquier tercero desde el momento en que fue inscrito en el Registro de la Propiedad, tomando en consideración para ello lo dispuesto por el art. 568-13 CCCat y su antecedente la Ley catalana 22/2001, si bien ambas normas eran inaplicables al caso, por razones temporales.

Por su parte, en el art. 3111-3.2.b) PCC se hacen equivaler el carácter real del retracto voluntario y su inscripción en el Registro de la Propiedad o en el de Bienes Muebles (añadido éste último en la versión de 2019), en contraposición a los de origen legal, que "*tienen siempre naturaleza real*".

[87] Como ponen de manifiesto MARÍN LÓPEZ, J. J.: "Comentario..." *cit*, pp. 402-403, COCA PAYERAS, M.: "Los derechos..." *cit.*, pp. 191 y ss, y MONSERRAT VALERO, A.: *loc. cit.*, pp. 1131-1133, algo que es censurado por AMAT LLARI, M. E.: *"La teoría de la relatividad del contrato y sus excepciones (A propósito de la Ley 22/2001 de 31 de diciembre del Parlamento catalán de regulación de los derechos de superficie, de servidumbre y de adquisición voluntaria o preferente)"*, en CABANILLAS SÁNCHEZ, A. (coord.): *Estudios jurídicos en Homenaje al Profesor Luis Díez-Picazo,* Tomo II: Derecho Civil. Derecho de obligaciones, Civitas, Madrid, 2003, pp. 1275 y ss, y DÍEZ SOTO, C. M.: "Notas..." *cit.*, pp. 1709 a 1711.

[88] De esta manera lo expresan en relación con la regulación catalana, MONSERRAT VALERO, A.: *loc. cit.*, p. 1181, y MARTÍNEZ GARCÍA, M. A.: "Los derechos de tanteo y retracto en la Ley 22/2001 de la Generalitat de Catalunya: aspectos prácticos", en *La Notaría*, nº 9-10 (1), 2003, pp. 71 y ss.

[89] Así, AMORÓS GUARDIOLA, M.: *loc. cit.*, pp. 979-984, aun siendo admisible la inscripción de figuras de carácter jurídico-personal como el arrendamiento (art. 2.5º LH), la opción de compra (art. 14 RH) o los estatutos de las comunidades sujetas al régimen de propiedad horizontal (art. 5, párrafo 3º LPH). Dicho acceso al Registro de la Propiedad no transmuta la condición personal del derecho de adquisición (tanteo u opción) en real (en contra, la RDGRN 20 septiembre 1966).

Para DE LA RICA Y ARENAL, R.: *loc. cit.*, p. 1040, y ARECHEDERRA ARANZADI, L. I.: "Los derechos..." *cit.*, pp. 124 y ss, el retracto voluntario configurado como derecho real tiene perfecta cabida en el Registro de la Propiedad, si bien este último, puntualiza que los particulares, más que

con las preferencias voluntarias, la regla general de la legislación sustantiva común e hipotecaria que atribuye a la inscripción registral un carácter voluntario y meramente declarativo, en ningún caso constitutivo, del derecho (con las mencionadas hipoteca y superficie urbana como primordiales excepciones inmobiliarias), por lo que no puede considerarse como requisito de nacimiento para el retracto con carácter real su inscripción en el Registro de la Propiedad (o en los demás Registros de titularidades sobre bienes y derechos).

La inscripción no cambia el carácter de estos derechos, ya que no es constitutiva, y su finalidad únicamente es dotarle de publicidad a efectos de que goce de los efectos derivados de la inscripción, solución que es, por otro lado, coincidente con la dispuesta en el Derecho navarro[90].

En este sentido se pronuncia la STS 3 marzo 1995; en contra, la RDGRN 18 febrero 2016 parece equiparar carácter real e inscripción registral[91].

No obstante, cabe reiterar que la absolutidad *erga omnes* de los derechos reales aplicada al retracto voluntario como derecho de adquisición preferente, si bien no vulnera el orden público económico, indudablemente interfiere en la libertad del tráfico jurídico y, en relación con ello, afecta singularmente a los intereses del adquirente.

---

configurar una preferencia adquisitiva como real (se muestra igualmente escéptico al respecto FELIÚ REY, M. I.: *op. cit.*, pp. 122 y ss) porque es una cuestión sustantiva que corresponde a la ley, pueden conformar un derecho como idóneo para su ingreso en el Registro, que así adquiere eficacia real.

90 La ley 460, *in fine* CDFN, aun sin una óptima redacción, establece meramente que los mismos "*serán inscribibles en el Registro de la Propiedad u otros registros que correspondan en razón de su objeto*". En el mismo sentido, MARÍN LÓPEZ, J. J.: "Comentario …" *cit.*, pp. 401 y 402, y DORAL GARCÍA, J. A.: "Comentario a las Leyes 460 a 462", en ALBALADEJO, M. (dir.): *Comentarios al Código Civil y Compilaciones Forales*, Tomo XXXVIII-Vol. 1º. Leyes 346 a 487 de la Compilación o Fuero Nuevo de Navarra, Edersa, Madrid, 2002, para quien en el Derecho navarro tendrán carácter real cuando así se establezca en el título constitutivo con independencia del Registro, tanto para su existencia como para su transmisión.

Por otro lado, el precepto establece con carácter previo que "*para su eficacia deberán reunir los requisitos de forma que en cada caso corresponda según la ley*", exigencia formal que ha de entenderse, sin embargo, referida al negocio constitutivo del retracto a título gratuito cuando recaiga sobre inmuebles (ya sea *inter vivos* –ley 161.a– o *mortis causa* –leyes 167, 174 y 188 y ss–).

91 Se manifiestan asimismo a favor del carácter real del retracto no inscrito, ARANDA RODRÍGUEZ, R.: *loc. cit.*, pp. 890 a 893, RUBIO TORRANO, E.: *loc. cit.*, pp. 799 y ss, y BARBER CÁRCAMO, R.: *loc. cit.*, pp. 1250 y ss.

Por el contrario, MARÍN LÓPEZ, J. J.: "Comentario…" *cit.*, pp. 405-408, considera requisito estructural de publicidad del retracto en caso de los recayentes sobre inmuebles la inscripción en el Registro de la Propiedad, careciendo el retracto no inscrito, a su juicio, de carácter real. En la misma línea, GARCÍA-AMIGO, M.: *loc. cit.*, pp. 101 y ss, DE LA RICA Y ARENAL, R.: *loc. cit.*, p. 1040, CAMPO VILLEGAS, E.: "El tanteo y retracto estatutario en la propiedad horizontal", en *La Notaría*, nº 9, 1997, pp. 234 y ss, y GARCÍA CANTERO, G.: *op. cit.* La falta de inscripción determinó la inoponibilidad del retracto en la SAP Madrid 26 febrero 2004 casada por la STS 13 mayo 2009.

Dicha circunstancia impide que la ecuación entre el carácter real del retracto voluntario y su eficacia *erga omnes* pueda predicarse de forma absoluta, no siendo exclusivamente su categorización como real el único dato a considerar para resolver la interrogante de su eficacia frente a terceros, teniendo en cuenta que la cuestión principal a decidir no lo es tanto la naturaleza real del derecho como su carácter oponible, su repercusión sobre los terceros adquirentes de la finca. O si se prefiere, más que de abordar la naturaleza o carácter real del retracto, se trata de determinar la eficacia real u oponibilidad del derecho (por otra parte, en la praxis aquélla se manifiesta en ésta)[92].

Se hace necesario, pues, analizar el cumplimiento de unos requisitos de contenido constitutivos que doten al derecho de las condiciones de la seguridad necesaria en la protección a dichos intereses concurrentes (y en general al tráfico económico).

Y, sobre todo, a ellos ha de añadirse la publicidad como factor decisivo de la solución acerca de la oponibilidad del derecho frente a terceros, como al respecto declararon las SSAAPP Las Palmas 26 marzo 2008 y Málaga 3 diciembre 2008[93].

En este punto, si bien la publicidad puede venir otorgada por una triple vía –la apariencia posesoria, la declaración legal y la constancia registral–, la mencionada falta de inmediatez y de una publicidad legal en el retracto voluntario, deja como única alternativa para su publicidad la constancia registral, aun cuando, como decimos, no pueda considerarse en el Derecho común requisito de necesario cumplimiento para otorgarle carácter y eficacia real.

De este modo, la existencia del Registro como instrumento de publicidad oficial frente a terceros de la titularidad de la propiedad y demás derechos reales sobre los bienes provoca, sin embargo, la merma operativa de la regla general de la oponibilidad del retracto cuando el tercero inscribe su adquisición.

Ha de subrayarse que, al igual que ocurre con otros derechos reales limitados (como los de garantía sin desplazamiento posesorio) que no atribuyan las facultades de goce para su titular (o incluso algunos que sí lo hacen, como con las servidumbres no aparentes), el retracto voluntario no confiere a su titular una tenencia material generadora a su vez de una apariencia posesoria, es decir, de un signo que revele su existencia y que permita –con el empleo de una diligencia media o estándar– su conocimiento a los terceros adquirentes del bien gravado con él que hayan confiado en dicha publicidad institucional, por lo que de aplicar el carácter real del derecho como criterio exclusivo de

[92] Como señalan AMORÓS GUARDIOLA, M.: *loc. cit.*, pp. 979-984, comentando la STS 12 noviembre 1963, y FELIÚ REY, M. I.: *op. cit.*, pp. 122 y ss.

[93] Así, AMORÓS GUARDIOLA, M.: *loc. cit.*, pp. 979-984.

eficacia *erga omnes* se verían de esta suerte sacrificados los intereses de aquéllos incondicionalmente por un derecho constituido con carácter voluntario por un/os particular/es, con independencia de la constancia registral de éste[94].

En conclusión, el carácter real del retracto no se manifiesta en las mismas condiciones de oponibilidad que en el caso de los derechos reales que gozan de una apariencia posesoria.

La carencia de inmediatez del retracto voluntario priva al derecho (más allá de que se entienda como una exigencia de la naturaleza real) de dicha apariencia posesoria inherente al derecho real pleno, a los derechos reales limitados de goce o disfrute y a algunos de garantía, y de la consiguiente publicidad frente al tercero adquirente, por lo que no puede ser de aplicación la doctrina del Tribunal Supremo sobre la oponibilidad al adquirente del predio sirviente de las servidumbres voluntarias aparentes no inscritas que lo graven, conforme a la cual el adquirente no podrá alegar buena fe (a efectos de la aplicación del art. 34 LH) por la presencia de un signo exterior indubitado de existencia de la servidumbre[95].

Por otro lado, no puede haber una apariencia de titularidad del retracto tutelable con base en el art. 448 CC, ni en caso de recaer sobre bienes muebles para facultar una adquisición *a non domino* de un retracto conforme al art. 464 CC.

De igual forma, carece el retracto voluntario de la publicidad otorgada por la declaración de la ley inherente a los derechos de retracto reconocidos legalmente que concede a éstos un blindaje íntegro frente al tercero, aun cuando haya inscrito este su adquisición (*cfr*. art. 37.3º LH).

Mientras en éstos existe, como indicamos, una causa de especial relación social entre el propietario y el titular del retracto sobre la que el ordenamiento tipifica con base en razones de política legislativa esa preferencia adquisitiva y la merma de la agilidad del tráfico jurídico, en el retracto convencional no existe justificación típica, sino un mero nexo fruto de la autonomía privada, que representa un débil fundamento para perjudicar de manera omnímoda a terceros[96].

En esta línea, el Alto Tribunal declara en su Sentencia de 3 marzo 1995 que la condición real de un derecho se adquiere por su íntima naturaleza jurídica, caracterizada por la inmediatividad física o jurídica, publicidad, seguridad jurídica, etc., que le inviste de eficacia *erga omnes*. El carácter real reside en último término en la existencia de un signo de publicidad y garantía de segu-

---

[94] En el mismo sentido, COCA PAYERAS, M.: "Los derechos…" *cit*., pp. 191 y ss.

[95] *Vid.*, entre otras, SSTS 17 octubre 2006 (*RJ* 2006/8993) y 22 diciembre 2008 (*RJ* 2009/538).

[96] Como subrayan la STS 3 marzo 1995, MEDINA SÁNCHEZ, R.: *op. cit*., pp. 542 y ss, y ARECHEDERRA ARANZADI, L. I.: "Los derechos…" *cit*., pp. 124 y ss.

ridad frente a terceros (no necesariamente su inscripción en el Registro de la Propiedad), de los que sin embargo considera carecen *a priori* los derechos de adquisición preferente voluntarios, a diferencia de lo que ocurre con los tanteos y retractos legales[97].

Ello no significa que la eficacia frente a terceros del derecho de retracto voluntario haya de hacerse depender de forma indiscriminada de la publicidad registral del derecho –característica no exclusiva de los derechos reales–[98], ya que como derecho real –esté inscrito o no– goza de ciertas notas, como el carácter *erga omnes*, la reipersecutoriedad, la exclusividad o absolutividad, e incluso de la inmediatez, la inherencia, el poder directo sobre la cosa, y, si bien la inscripción dota de eficacia real al derecho por aplicación de las normas hipotecarias, no modifica aquélla[99].

A lo anterior ha de unirse en este punto que la naturaleza real del retracto, situada en el plano de la configuración del derecho como un gravamen que atribuye a su titular un poder directo, debe articular su relación con el resto de derechos reales a través del principio de prioridad, incluida la registral pero no únicamente, de forma que la adquisición del bien se produzca en las condiciones en que se hallaba en ese momento.

De este modo, en aquellos supuestos en los que ni el retracto voluntario ni la adquisición del bien o derecho hayan accedido al Registro (esté el bien o derecho objeto del retracto inmatriculado o no), la preeminencia entre ambos habrá de sujetarse a la aplicación de las normas del Derecho civil sustantivo reguladoras de la prioridad entre varios derechos incompatibles.

Cabe estimar que la solución vendrá fundamentalmente dispuesta en este caso por las reglas contenidas en el art. 1473 CC relativas a la determinación de la transmisión de la propiedad en el supuesto de doble venta, ya que si bien no nos encontramos rigurosamente con dos enajenaciones, indudablemente nos hallamos ante sendos derechos incompatibles entre sí: en este punto, aun cuando tengan diferente naturaleza *ab initio*, el ejercicio del retracto por su titular origina con posterioridad, como hemos indicado reiteradamente, una

---

97 Surge la duda de si en el caso resuelto los tanteos y retractos litigiosos habían accedido a él, ya que uno de los motivos del recurso impugna la infracción del art. 38 LH, dato que no aclara la resolución. No obstante, parece que la razón decisiva para declarar la ausencia de carácter real de aquéllos, de esa garantía de seguridad, se encuentra en la falta de fijación de un plazo a partir de la fecha de enajenación a tercero (*infra*. V.3). *A sensu contrario*, habría que entender que la existencia de dicho plazo convertiría a los tanteos y retractos convencionales en derechos reales.

98 Así, DÍEZ SOTO, C. M.: "Notas..." *cit*., pp. 1708 y ss, AMAT LLARI, M. E.: *op. cit*., pp. 1279 a 1281, ARANDA RODRÍGUEZ, R.: *loc. cit*., pp. 890 a 893, y RUBIO TORRANO, E.: *loc. cit*., pp. 799 y ss.

99 Como señalan O'CALLAGHAN, X.: *op. cit*., GONZÁLEZ PACANOWSKA, I.: *op. cit*., pp. 333 a 336, y SANCIÑENA ASURMENDI, C.: *La opción de compra*, Dykinson, Madrid, 2003, pp. 166 y ss.

controversia en cuanto a la transmisión de la propiedad análoga a la resuelta por el precepto.

En primer lugar, establece la norma que cuando no haya inscripción prevalecerá el derecho de "*quien de buena fe sea primero en la posesión*", por lo que de aplicarse en nuestro caso, el adquirente habrá de cumplir cumulativamente con ambos requisitos para evitar la oponibilidad del retracto, entrando en juego a falta de cualquiera de ellos el criterio de cierre previsto en su último inciso.

Como quiera que la posesión del adquirente se cumple en virtud de la teoría del título y el modo (arts. 609 y 1095 CC)[100], al operar el retracto una vez consumada la enajenación (art. 1521 CC), únicamente será la mala fe del adquirente que no inscribió la que impida la prioridad de éste frente al titular del retracto no inscrito.

Buena fe que, como tendremos ocasión de comprobar (*infra*. VI.2), ha de ser entendida a tal efecto, no en la acepción consagrada en los arts. 7.1 y 1258 CC, sino como desconocimiento del retracto anterior por el adquirente, error del que no debe haber podido salir empleando medios racionales, o como imposibilidad de haber tenido motivos suficientes para haberlo conocido.

Así, la aplicación de esta norma, en conexión con la doctrina relativa al contrato en daño de tercero, parece (o puede) ser la fundamentación –a veces de manera explícita, otras no– del conocimiento del retracto que no accedió al Registro como requisito adicional que ocasionalmente aparece tanto en la jurisprudencia como en la doctrina científica para declarar la oponibilidad de aquél al adquirente que no inscribió, en sustitución –como criterio decisivo– de la tradicional característica de la eficacia *erga omnes* de los derechos reales.

Así, la STS 27 febrero 2008 declara la oponibilidad al adquirente que "conoció, o no pudo desconocer obrando de buena fe" la existencia de las cláusulas contractuales que atribuían a los demandantes el poder jurídico de adquirir preferentemente a través de un retracto voluntario las acciones transmitidas, pues la escritura de compraventa incluía los documentos privados que contenían los pactos de atribución de aquellos derechos potestativos[101].

No obstante, dicha solución ha de descartarse para el supuesto que nos ocupa ya que la regla es exclusivamente aplicable en aquellos supuestos en los cuales la constitución de todos los derechos en colisión exija la *traditio* o

[100] Siendo suficientes a los efectos del art. 1473 CC el cumplimiento de las formas de entrega no materiales, como el otorgamiento de escritura pública (art. 1462, párrafo 2º CC), ya que el precepto no distingue al respecto y el CC otorga a las mismas idénticos efectos transmisivos del dominio. Así, STS 25 marzo 1994 (*RJ* 1994/2535).

[101] En idéntico sentido, GONZÁLEZ PACANOWSKA, I.: *op. cit*., p. 341, se manifiesta a favor de esta solución precisamente por la falta de publicidad otorgada por la posesión o la inscripción.

puesta en posesión[102], exigencia que obviamente no concurre en un derecho como el retracto que no otorga a su titular un poder de hecho sobre el bien[103].

Debe tenerse en cuenta, además, que nunca la eficacia de los derechos reales se ha hecho depender de su conocimiento por terceros cuando no procede la aplicación de las reglas registrales. Los derechos reales no inscritos siguen siendo reales, y tienen oponibilidad como tales[104].

Por lo que respecta a la doctrina del contrato en daño de tercero ha de considerarse igualmente inaplicable al retracto voluntario, pues en él la enajenación nunca puede por hipótesis operar en daño de su titular, entendido como tercero lesionado, frente a lo que acontece respecto del titular la opción de compra o del pacto de retro como derechos de adquisición no preferentes así como con el tanteo convencional cuando no se produzca la correspondiente notificación a su titular y no se haya establecido el derecho de retracto yuxtapuesto: muy al contrario, la enajenación opera como presupuesto para el ejercicio del retracto.

Procede en consecuencia la aplicación de la última regla del art. 1473 CC, es decir, la antigüedad del título, para dar solución con carácter general a nuestro conflicto: la preferencia corresponderá, pues, al retracto como derecho de fecha anterior[105].

El título ha de ser entendido aquí como título material con independencia de su constancia documental –obviamente sin perjuicio de las eventuales exigencias formales de validez del título (*v. gr.* art. 633 CC)–, pudiendo el titular probar la existencia y vigencia del retracto por cualquier medio admitido en Derecho (*cfr*. arts. 1225 y 1227 CC, y 299 y ss LEC –singularmente, los arts. 299.3, 316, 319, 326, 376 y 386–), aun cuando deben reconocerse las dificultades probatorias que se le presentarán al respecto p. ej. en relación con la prueba

---

[102] Así, DÍEZ-PICAZO, L. y GULLÓN, A.: *Sistema de Derecho Civil*, Vol. III (Tomo 1): Derechos Reales en general. Posesión. Propiedad. El Registro de la Propiedad, 10ª ed., Tecnos, Madrid, 2019, p. 43.

[103] Como recuerda ALBALADEJO, M.: *Derecho Civil*, III: Derecho de bienes, Vol. 1º, 7ª ed., Bosch, Barcelona, 1991, p. 53.

[104] BARBER CÁRCAMO, R.: *loc. cit.*, pp. 1250 y ss, se manifiesta con especial vehemencia frente a la exigencia del conocimiento como exigencia de oponibilidad del retracto (como derecho real), a la que considera un error de enfoque carente de apoyo legal generador de una situación de inseguridad e indefinición, que deriva de la extensión de las reglas de eficacia frente a terceros de los derechos personales a los reales con confusión entre los mecanismos jurídicos de defensa propios de ambos.

[105] La oponibilidad del retracto no inscrito frente al tercero civil que no inscribió su adquisición es asimismo defendida por GAVIDIA SÁNCHEZ, J. V.: *loc. cit.*, pp. 1128 y ss, y BARBER CÁRCAMO, R.: *ibídem*, mientras que MEZQUITA DEL CACHO, J. L.: "El pacto de opción y el derecho que origina", en *Revista Crítica de Derecho Inmobiliario,* nº 275, 1951, pp. 258-260 y 263-264, la predica en relación con la opción de compra, por lo que sus palabras son extensibles, con mayor razón, a aquél.

documental de un retracto inmobiliario como consecuencia de lo dispuesto por el art. 319, párrafo 1º LH (y el art. 586 RH concordante)[106].

En este punto, la esclarecedora SAP Navarra 1 julio 2010 declara la oponibilidad de los derechos de tanteo y retracto litigiosos –pactados como reales e inscribibles pero no inscritos– al adquirente que tampoco había inscrito la adquisición, al considerar que no se encuentra éste amparado por los arts. 32 y 34 LH (con independencia de que se siga la tesis monista o dualista en la interpretación de los mismos), por ser su situación respecto de los derechos de adquisición preferente mencionados la propia del tercero civil y no la del tercero en el ámbito propio del Derecho hipotecario (FD 3º), con cita, entre otras, de las SSTS 7 diciembre 1987 (*RJ* 1987/9280) o 27 junio 1992 (*RJ* 1992/5564).

En conclusión, la solución a la eficacia del retracto voluntario frente a terceros adquirentes debe efectuarse partiendo de su carácter o naturaleza jurídico-real, con la exigencia del cumplimiento de ciertos requisitos de validez, que analizamos a continuación, y siempre con las salvedades derivadas de la publicidad institucional instrumentalizada en el Registro de la Propiedad (y otros análogos); produciéndose con estas últimas por otro lado una plena concordancia con el régimen de oponibilidad que para el retracto convencional establece el art. 1510 CC.

---

[106] Art. 319, párrafo 1º LH: "*Los Juzgados y Tribunales ordinarios y especiales, los Consejos y las Oficinas del Estado no admitirán ningún documento o escritura de que no se haya tomado razón en el Registro por los cuales se constituyan, reconozcan, transmitan, modifiquen o extingan derechos reales sujetos a inscripción, si el objeto de la presentación fuere hacer efectivo, en perjuicio de tercero, un derecho que debió ser inscrito. Si tales derechos hubieran tenido ya acceso al Registro, la inadmisión procederá, cualquiera que sea la persona contra quien se pretenda hacerlos valer ante los Tribunales, Consejos y Oficinas expresados*".

Art. 586 RH: "*Cuando el objeto de la presentación no afecte a tercero, podrá admitirse la escritura o documento de que no se haya tomado razón en el Registro, siempre que no constare que la finca o derecho a que se refiere hubieren tenido acceso al Registro.*

La parte a quien perjudique la admisión podrá oponerse a la misma justificando que la finca o derecho de que se trate figuran inscritos en el Registro. Justificado este extremo, se devolverá el documento indebidamente admitido a quien lo hubiere presentado para que se tome razón del mismo en el Registro en el término prudencial que al efecto se le señale y, si no volviere a presentarle o lo presentare sin la expresada toma de razón, se tendrá por no visto".

V. REQUISITOS DE VALIDEZ PARA LA EFICACIA FRENTE A TERCEROS

La atipicidad de las preferencias adquisitivas negociales en el Derecho común impide, obviamente, a diferencia de lo que ocurre en el Derecho catalán[107], la plasmación legal de unas específicas exigencias de carácter sustantivo y formal a los derechos de adquisición preferente voluntarios –no sólo al retracto– para su válida constitución con eficacia real, más allá de los requisitos generales de validez de los negocios jurídicos.

---

[107] Así, junto a la exigencia constitutiva de otorgamiento de escritura pública (muebles)/ inscripción registral (inmuebles) contenida en el art. 568-2.1 CCCat, establece el art. 568-6 como contenido mínimo del título constitutivo: "a) *El plazo de duración del derecho, que, si no se fija, se entiende que es de cuatro años, y el plazo de su ejercicio, si procede* […]. c) *Si el derecho se constituye a título oneroso, la prima pactada para constituirlo y la forma en que se ha satisfecho.* d) *El domicilio de los concedentes de la opción o de los titulares del tanteo o del retracto a los efectos de las notificaciones preceptivas* […]".

Por el contrario, la CDFN no establece ningún requisito de constitución de los derechos de adquisición preferente reales (más allá de la exigencia de la constancia del carácter real en el título constitutivo por la ley 460, párrafo 1º, y de los requisitos de forma del negocio constitutivo exigidos por el último párrafo de ésta como se indicó –*supra*. IV.2–), ausencia que lleva a MARÍN LÓPEZ, J. J.: "Comentario…" *cit.*, pp. 401 y 402, a preguntarse si han de ser entonces los exigidos con carácter general por la jurisprudencia para ello. Para DORAL GARCÍA, J. A.: *op. cit.*, la clara admisión del *numerus apertus* por el Derecho navarro no autoriza la constitución de cualquier relación jurídica inmobiliaria con el carácter y efectos de un derecho real, sino que ha de tener en cuenta unos límites que se concentran en estas zonas: *a)* Relativos al acto o contrato, al título creador del derecho, como pueden serlo en Navarra la moral y el orden público (ley 7). *b)* Relativos a la naturaleza del derecho, carácter temporal, definido o indefinido, determinado. *c)* Relativos a las reglas de convivencia, que no sean semillero de pleitos y dudas. *d)* Evitar el acceso al Registro de pactos o cláusulas que tienen carácter personal.

Por último, dicha laguna normativa del Derecho común sería subsanada por la PCC al establecer su art. 3111-3.2 que los derechos de adquisición preferente "*de origen voluntario solo tienen naturaleza real si cumplen los siguientes requisitos:*

a) *Que en el título constitutivo se manifieste que el derecho se configura con tal carácter*. b) *Que el título constitutivo se formalice en escritura pública y, si el derecho recae sobre bienes inmuebles, se inscriba en el Registro de la Propiedad o en el Registro de Bienes Muebles*. c) *Que su constitución obedezca a la satisfacción de intereses legítimos*. d) *Que el objeto sobre el que recae el derecho se encuentre claramente determinado*".

Han sido, pues, la jurisprudencia y la doctrina de la DGRN las que, dentro de la materia, más general, relativa a la viabilidad de creación de nuevos derechos reales en atención al sistema de *numerus apertus*, se han encargado de fijarlos si bien el tratamiento ha sido desordenado y confuso, en especial por parte de la DGRN.

Ello se debe a que, a pesar de que su determinación habría de circunscribirse en puridad a las exigencias de admisión de estos derechos en el Registro de la Propiedad –con base en el requerimiento de los principios registrales de determinación y especialidad–, han sido abordados sin embargo habitualmente de forma unitaria como requisitos sustantivos y no sólo registrales, sin el correspondiente deslinde entre las dos esferas[108].

Así, tras rechazar primeramente la DGRN en su Res. 4 enero 1927 (que plasma su doctrina inicial al respecto) los derechos de adquisición preferente voluntarios por diversas razones con escaso sostén jurídico –principalmente, el silencio de la LH sobre las preferencias convencionales–, se ha mostrado con posterioridad favorable a la admisión de los mismos aunque, por lo general, bastante rigurosa en la fijación de los requisitos, debido al respeto de las exigencias de seguridad en el tráfico jurídico, si bien, como decimos, sus pronunciamientos se producen en relación con las condiciones de acceso al Registro de la Propiedad[109].

En este punto, es sin duda la paradigmática RDGRN 20 septiembre 1966[110] la resolución que puede considerarse precursora en la enunciación de tales requisitos generales de acceso al Registro de la Propiedad comunes a las diferentes preferencias convencionales (a la que siguió de forma reiterada la doctrina administrativa recaída al respecto)[111].

---

[108] Como señala ARECHEDERRA ARANZADI, L. I.: "Los derechos…" *cit.*, pp. 124 y ss.

[109] Como subraya FELIÚ REY, M. I.: *op. cit.*, pp. 133 y ss. En el mismo sentido, ARANDA RODRÍGUEZ, R.: *loc. cit.*, pp. 890 a 893, MARTÍNEZ GARCÍA, M. A.: *loc. cit.*, pp. 71 y ss, AMORÓS GUARDIOLA, M.: *loc. cit.*, pp. 979-984, y GONZÁLEZ PACANOWSKA, I.: *op. cit.*, pp. 337 a 340.

[110] Aborda unas cláusulas insertas en una escritura de segregación, compraventa y agrupación de fincas, en las que se contienen unos pactos en los que las partes establecen sendos derechos de adquisición preferente recíprocos (posteriormente la Resolución habla constantemente de tanteo) para el caso de transmisión de las parcelas por acto a título oneroso en el que no medie dinero, o por donación, herencia o legado, en determinadas circunstancias que aparecen especificadas en las cláusulas.

[111] Como recuerda, DÍEZ-PICAZO, L.: "Autonomía privada y derechos reales", en *Revista Crítica de Derecho Inmobiliario*, nº 513, 1976, pp. 296 a 301. *Vid.*, por todas, más recientemente la RDGRN 18 febrero 2016, que niega la naturaleza real a los derechos de adquisición de constitución voluntaria del caso concreto por no cumplirse los requisitos necesarios para ello, admitiendo, que, de haberse satisfecho los mismos, la solución hubiera sido la contraria: en el título constitutivo no se expresó que el derecho tuviera carácter real, ni se estableció que sería inscribible, ni se determinaron las consecuencias en caso de que se incumpliera lo estipulado, y no aparecía fijado el

Dichos requisitos son los siguientes:

- Convenio expreso de las partes acerca de la eficacia *erga omnes* del derecho.
- Criterio de fijación del precio para el ejercicio del derecho (adquisición) por remisión a las condiciones ofrecidas por el tercero o determinación objetiva si no es adquisición a título de venta, de forma que el precio no queda fijado de antemano, en contraposición a lo que acontece en el derecho de opción.
- Fijación de un plazo determinado y breve para el ejercicio del derecho.
- Determinación de la duración del derecho, con respeto a los límites del art. 781 CC, de forma que no se cree ninguna vinculación o gravamen de duración perpetua o indefinida[112].
- Concurrencia de interés legítimo o justa causa que fundamente el establecimiento del derecho.

Últimamente, la ilustrativa RDGRN 26 abril 2019[113] recuerda dicha doctrina de la DGRN al señalar que con base en el criterio de *numerus apertus* se permite la constitución de nuevas figuras jurídico-reales no específicamente previstas por el legislador (arts. 2.2.º LH y 7 RH), pero con ajuste a determinados límites y respeto a las normas imperativas del estatuto jurídico de los bienes, dado su significado económico-político y la trascendencia *erga omnes*, tales como la existencia de una razón justificativa suficiente, la determinación precisa de los contornos del derecho real, la inviolabilidad del principio de libertad del tráfico, etc., entre ellos la fijación de la duración de los derechos reales limitados, así como las características estructurales típicas de los derechos reales (inmediatividad, o posibilidad de ejercicio directo sobre la cosa, y absolutidad, que implica un deber general de abstención), y los requisitos típicos de los derechos de esta clase (arts. 2, 29 y 98 LH): cumpliendo estos límites los contratantes podrán constituir el derecho como personal o como real.

---

concreto contenido y extensión de las facultades que integraban el derecho cuyo acceso al Registro se pretendía.

112 Conforme al precepto, "*las sustituciones fideicomisarias en cuya virtud se encarga al heredero que conserve y transmita a un tercero el todo o parte de la herencia, serán válidas y surtirán efecto siempre que no pasen del segundo grado, o que se hagan en favor de personas que vivan al tiempo del fallecimiento del testador*". En el caso resuelto el derecho sólo podía ejercitarse en relación con la primera transmisión.

113 Resuelve sobre un –sin retracto– en favor del vendedor en caso de que la compradora encontrase un tercero interesado en adquirir la finca y así se lo comunicase (con el precio acordado) a la vendedora de forma fehaciente, momento a partir del cual podría ejercerse durante treinta días naturales. En idénticos términos, la RDGSJFP 4 mayo 2022, recaída sobre un tanteo y retracto voluntarios constituidos en favor de la Empresa Municipal del suelo y de la vivienda de Getafe.

Aunque como decimos se trata de una doctrina en relación con los requisitos de acceso al Registro, los mismos han sido señalados igualmente, si bien con menor frecuencia, en el ámbito jurisprudencial como elementos de validez para el retracto voluntario. Así, la STS 27 febrero 2008 –aunque se encontraban suficientemente identificados a su juicio en el supuesto litigioso–, con especial referencia a las personas a cuyo favor se constituía, los casos en que podía ser ejercitado, las condiciones conforme a las cuales debía producirse la adquisición y el plazo de ejercicio del derecho (el cual no había vencido cuando los actores interpusieron la demanda).

1. CAUSA. NECESIDAD DE CREACIÓN DEL DERECHO

De acuerdo con esa constante doctrina administrativa posterior a la RDGRN 20 septiembre 1966, es requisito primigenio de validez (que no aparece expresamente establecido ni en la regulación navarra ni en la catalana del retracto) de cualquier derecho real atípico fruto de la autonomía de los particulares que el mismo responda a un interés de éstos digno de tutela por el ordenamiento jurídico, quienes, en caso de no admitirse su creación, se verían privados de la misma.

De esta manera, el retracto voluntario no ha de consistir en una creación artificiosa y caprichosa, sino que ha de satisfacer unas necesidades jurídicas y socioeconómicas, exigencia que ha de interpretarse como existencia de una verdadera causa del negocio jurídico creador del derecho (art. 1261 CC), más concretamente como el cumplimiento de una función socioeconómica por el mismo digna de tutela por el ordenamiento jurídico para el otorgamiento de efectos reales[114], y ha de ponerse en conexión con el orden público como límite general a la autonomía privada establecido por el art. 1255 CC[115].

---

[114] Como señala DÍEZ-PICAZO, L.: "Autonomía..." *cit.*, p. 305.

En relación con el Derecho navarro estima MARTÍNEZ GARCÍA, M. A.: *loc. cit.*, pp. 71 y ss, que a pesar del mencionado silencio la causa o motivo o función económico-social del establecimiento del derecho debe existir; en el mismo sentido, DORAL GARCÍA, J. A.: *op. cit.* Por el contrario, entiende DÍEZ SOTO, C. M.: "Notas..." *cit.*, pp. 1711 y ss, que la tipificación legal en Cataluña de estos derechos priva de sentido la exigencia de concurrencia en el derecho de un interés general relevante.

En cambio, el art. 3111-4.2.c) PCC representaría la plasmación legal expresa de este requisito en el Derecho común, al exigir que la constitución con carácter real del retracto de origen voluntario "obedezca a la satisfacción de intereses legítimos".

[115] *Vid.* al respecto las reflexiones de DÍEZ-PICAZO, L.: "Autonomía..." *cit.*, pp. 296 a 301, SANTOS BRIZ, J.: *Derecho civil. Teoría y práctica*, II, Edersa, Madrid, 1972, pp. 707 y ss, MARTÍNEZ GARCÍA, M. A.: *loc. cit.*, pp. 71 y ss, o DORAL GARCÍA, J. A.: *op. cit.*, este último en relación con la ley 7 CDFN. Sostiene explícitamente la exigencia de justa causa en relación con las prohibiciones de disponer, LÓPEZ MAZA, S.: *op. cit.*, pp. 55 y ss.

En este punto, como hemos indicado, si bien no representa una genérica prohibición absoluta que impida su constitución (así como tampoco lo son la ley y la moral), el orden público –en nuestro caso económico, configurado como libertad de circulación de la propiedad–, se ve afectado por la creación de nuevas preferencias de origen negocial (no sólo el retracto), obstaculizadores de la seguridad en el tráfico jurídico, señaladamente desde la óptica del adquirente, y restrictivos del derecho del dueño.

De acuerdo con esta interpretación, ha de otorgarse un tratamiento restrictivo y siempre en consideración a una finalidad de tipo privado respetable: sólo una utilidad y función social clara pueden apoyarlo[116].

Entre los intereses a los que responden las preferencias convencionales abordadas por las resoluciones judiciales o de la DGRN, es quizá el más habitual el mantenimiento de la propiedad del bien objeto del derecho dentro de un grupo familiar (o de amistad) determinado como acontece con algunas de las figuras previstas en los Derechos forales (*supra*. II.1 y II.2.; STS 7 mayo 1927).

Sin embargo, pueden hallarse otros más específicos y diversos como la facilitación del cese de la indivisión creada o la reconstrucción de la primitiva finca dividida materialmente (RDGRN 20 septiembre 1966), el favorecimiento del acreedor por la mutuataria sobre finca que luego se hipoteca (STS 17 noviembre 1931), o la facilitación del paso a otra finca de su propiedad sobre parte de la finca cuyo dominio se reserva el vendedor (STS 13 diciembre 1958).

La inexistencia de la necesidad de creación de un retracto voluntario conllevará aparejada su nulidad de pleno derecho, por tratarse bien de un negocio jurídico sin causa o con causa ilícita (art. 1275 CC) o con una causa falsa (art. 1276 CC)[117], inexistencia de causa que podrá ser sobrevenida si el motivo originario que dio lugar *ab initio* a aquél desaparece con posterioridad –como ocurrió en el supuesto resuelto por la SAP Alicante 22 mayo 2001[118]–, puesto que dicha causa ha de mantenerse con carácter permanente en todo momento mientras persista la vigencia del derecho.

No obstante, ha de evitarse una aplicación extrema de semejante doctrina, sin que pueda considerarse que la concesión de un retracto voluntario autónomo

[116] Como apunta ARECHEDERRA ARANZADI, L. I.: "Los derechos..." *cit.*, pp. 124 y ss.

[117] Así, DÍEZ-PICAZO, L.: "Autonomía..." *cit.*, pp. 296 a 301.

[118] En él, la original causa de la preferencia convencional suscrita 25 años atrás fue la de evitar con su imposición la adquisición por terceras personas de las viviendas objeto del derecho, que pudiera hacer molesta la convivencia para los restantes, si bien después adquirió una de las viviendas un comprador ajeno al pacto inicial, sin que ninguno de los actores ejerciese en ese momento el derecho firmado. Como consecuencia, considera la resolución que el motivo originario desapareció y que los motivos que movían a los actores a demandar el cumplimiento no son los que el espíritu originario preveía, sino meramente económicos y especulativos, por lo que desestima la demanda de ejercicio del derecho.

con eficacia *erga omnes* comporte *per se* la ausencia de un interés legítimo de la misma[119], pues si bien esta hipótesis (expresamente admitida, por otro lado, por el art. 568-14.5 CCCat) representa una mayor perturbación para la seguridad en el tráfico jurídico, no por ello carecerá de interés o causa, al tratarse de cuestiones que operan en planos diferentes.

En este sentido, no puede perderse de vista que los intereses o las causas de los particulares en el establecimiento de la preferencia legítimamente tutelados por la ley pueden ser de lo más diversos como ha reconocido la jurisprudencia (ya en la lejana STS 7 mayo 1927), y no necesariamente han de coincidir con las razones de política legislativa en los retractos legales; junto a ello, la presunción de existencia y licitud de la causa del contrato conforme al art. 1277 CC (aun no representando una abstracción causal del negocio), convierte en la práctica la exigencia registral de la DGRN de existencia de causa en el derecho en un requisito inoperante desde un punto de vista sustantivo[120].

Buena muestra de ello es la SAP Barcelona 17 diciembre 2004 (*JUR* 2005/32135) que declara de la forma más genérica posible como causa e interés del derecho de adquisición preferente litigioso el contrato de arrendamiento en el que se hallaba incorporada.

2. PREVISIÓN EXPRESA DE EFICACIA FRENTE A TERCEROS

Es igualmente exigencia constante en la doctrina registral desde la Resolución de 20 marzo 1911 para los derechos de adquisición preferente voluntarios (y en general, para el resto de figuras jurídico-reales atípicas) que pretenden acceder al Registro de la Propiedad la constancia en su negocio de creación de una voluntad expresa de otorgamiento de efectos reales a los mismos, como ponen de manifiesto, entre otras, las Resoluciones de 20 septiembre 1966, 6 marzo 2001 (*RJ* 2002/2172) y 10 abril 2014, en consonancia con la exigencia del Derecho navarro y a diferencia de la normativa catalana (si bien en ésta tal omisión es atribuible al carácter constitutivo de la inscripción registral/documentación pública para las preferencias adquisitivas voluntarias con efectos reales)[121].

[119] En contra de lo que sostiene DÍEZ SOTO, C. M.: "Comentario…" *cit.*, pp. 10677-10678, si bien con base en su falta de lógica; ésta última parece conducir a la ley 445, párrafo 2º CDFN a establecer que "*el derecho de retracto presupone siempre el derecho de tanteo*".

[120] Como expresan GONZÁLEZ PACANOWSKA, I.: *op. cit.*, pp. 337 a 340, y DÍEZ SOTO, C. M.: "Notas…" *cit.*, pp. 1711 y ss, quien en referencia con los tanteos y retractos voluntarios considera discutible el planteamiento de la DGRN al partir de un paralelismo de aquéllos con los legales.

[121] En aquél, la ley 460, párrafo 1º CDFN establece expresamente que "*los derechos de opción, tanteo y retracto voluntario tendrán carácter real cuando así se establezca*"; por su parte, la PCC, a pesar de imponer igualmente como presupuesto de la naturaleza real del derecho la inscripción

Bastará así para entender cumplido el requisito en cuestión que se manifieste de forma explícita en el negocio que se quieren efectos reales para el derecho de adquisición preferente, como cuando en el derecho abordado por la primera de las resoluciones anteriormente citadas se concede al titular en el título de constitución "la facultad 'erga omnes' de adquirir la parcela o participación indivisa, sin crear un simple derecho de crédito; además, las propias partes pueden modular el alcance de la eficacia real, pactando que el derecho sea oponible contra determinado adquirente o adquirentes"[122].

De acuerdo con esta doctrina, el silencio o la ausencia de una declaración terminante en el negocio al respecto impedirá considerar al derecho como real, confiriéndole en el supuesto de duda la DGRN (así, la Resolución de 6 marzo 2001) efectos exclusivamente obligacionales, por lo que, como indicamos, la enajenación por el dueño o concedente del bien con incumplimiento del derecho dará lugar exclusivamente a una indemnización de daños y perjuicios[123]. Más rigurosa aún se muestra en este punto la Resolución de 10 abril 2014, al exigir que debe especificarse en la escritura el carácter real e inscribible del derecho, las consecuencias del incumplimiento de lo estipulado, así como la mención como obligados no sólo de las personas intervinientes sino también de sus causahabientes o titulares futuros de la finca objeto del derecho.

Sin embargo, atendiendo a la finalidad que persigue el retracto de origen negocial, respecto del cual debemos recordar que es inherente la vocación de oponibilidad frente a los terceros, dicha exigencia de manifestación de la voluntad se muestra excesiva para lograr la satisfacción de aquélla, apareciendo como adecuada únicamente para los derechos de opción y tanteo sin concesión de retracto que, por esencia, han de ejercitarse frente al dueño o concedente y en los que la intervención de un tercero adquirente es circunstancial y circunscrita al caso de incumplimiento de los derechos con su transmisión (*supra.* II.2.b y d, y IV.1); de hecho, los supuestos resueltos por las mencionadas Resoluciones de 20 marzo 1911, 20 septiembre 1966 y 6 marzo 2001 versaron sobre sendos derechos de tanteo convencional.

Parece, por el contrario, más correcto en el supuesto del retracto voluntario –conectado o no a un tanteo previo– presumir dicha voluntad de los intervi-

---

registral, requiere en su art. 3111-4.2.a) "*que en el título constitutivo se manifieste que el derecho se configura con tal carácter*".

En la doctrina científica, se muestran igualmente partidarios del cumplimiento de esta exigencia DÍEZ-PICAZO, L.: "Autonomía..." *cit.*, pp. 296 a 301, y COCA PAYERAS, M.: "Los derechos..." *cit.*, pp. 191 y ss.

122 Como recuerda RIVERA SABATÉS, V.: *op. cit.*, pp. 10 y ss. *Vid. supra.* IV.1.

123 Así, DÍEZ-PICAZO, L.: "Autonomía..." *cit.*, pp. 296 a 301, para quien la determinación de la existencia de la voluntad de otorgamiento de la eficacia real, no representa más que una mera cuestión de interpretación. En el mismo sentido, DÍEZ SOTO, C. M.: "Notas..." *cit.*, pp. 1711 y ss, si bien considera que lo anterior no impedirá que acceda al Registro a efectos de su oponibilidad.

nientes favorable a su eficacia *erga omnes*, sin necesidad de una previsión expresa[124]. Sin embargo, la Resolución de 10 abril 2014, recaída sobre un tanteo y retracto adicional en caso de burla del primero, exigió de forma muy discutible la misma.

3. LA DURACIÓN DEL DERECHO. LÍMITES

A diferencia de lo que acontece en los Derechos catalán y navarro[125], no existe obviamente en el Derecho común previsión ni exigencia específica alguna acerca de la duración de los derechos de adquisición preferente de origen convencional que hayan de cumplir éstos para su válida constitución con carácter real, lo que no ha impedido que ocasionalmente tanto la jurisprudencia como las doctrinas científica y registral la hayan tomado en consideración como tal[126], si bien con escasa precisión y con una más que dudosa corrección, ya que,

---

[124] En este sentido, AMAT LLARI, M. E.: *op. cit.*, pp. 1287 a 1289.

[125] Dispone la ley 462, párrafo 2º CDFN que el tanteo y retracto pueden constituirse bien por tiempo determinado, bien por tiempo indefinido o para perpetuo. Si no se dispone otra cosa, sólo podrán ejercitarse respecto a la primera enajenación que se realice de los bienes sujetos a ellos. A pesar de ello, DORAL GARCÍA, J. A.: *op. cit.,* exige en su comentario al precepto el carácter temporal, definido o indefinido, determinado del derecho.

Por su parte, el art. 568-6.a) CCCat establece dentro del contenido mínimo del título constitutivo el plazo de duración del derecho, a falta del cual se fija supletoriamente en cuatro años. En relación con ello, el art. 568-14.1 dispone que los derechos de retracto, en defecto de pacto, sólo pueden ejercerse respecto a la primera transmisión onerosa tanto en el caso de conversión del tanteo en retracto por burla como en el de retracto independiente (por virtud de la remisión del nº 5); mientras, el art. 568-13 ordena en cuanto a la duración del tanteo que este puede constituirse por tiempo indefinido para la primera transmisión y por un máximo de diez años si se ha pactado su ejercicio en segundas y ulteriores transmisiones (nº 1), a lo que añade el nº 2, que puede ser objeto de prórrogas sucesivas, cada una de las cuales no puede exceder del plazo establecido por el apartado 1.

Finalmente, en la regulación de la PCC el plazo de duración es una de las circunstancias que debe incluir el título constitutivo del derecho de adquisición conforme a su art. 3113-1.2.c); por su parte, el art. 3113-4 dispone: "1. *El derecho de adquisición preferente puede constituirse por un plazo máximo de treinta años desde la fecha de su constitución para la primera transmisión, y por un máximo de diez años a computar desde la primera transmisión si se ha pactado su ejercicio en segundas y ulteriores transmisiones.* 2. *El derecho puede ser objeto de prórrogas sucesivas, cada una de las cuales no puede exceder del plazo de diez años. Dichas prórrogas no perjudicarán en ningún caso, los derechos ya adquiridos por terceros.* 3. *Si no se ha fijado plazo de duración en el título constitutivo se entiende que es de diez años a contar desde el día en que quedó constituido el derecho*". Finalmente, según el art. 3113-5.a) "*salvo que en el título constitutivo se disponga otra cosa, solo puede ejercerse respecto de la primera transmisión onerosa*".

[126] Así, STS 16 febrero 1973, que se ocupa de un derecho de tanteo más retracto en caso de burla sobre un negocio (incluido el local) establecido en escritura particional a favor del resto de herederos, con un plazo de duración del derecho de diez años. En el mismo sentido, la STS 3 marzo 1995.

En la doctrina científica, *vid.* GARCÍA-AMIGO, M.: *loc. cit.*, p. 124, BOSCH CAPDEVILA, E.: "Derechos…" *cit.*, pp. 225 y ss, GONZÁLEZ PACANOWSKA, I.: *op. cit.*, p. 338, ARECHEDERRA ARANZADI, L. I.: "Tanteo…" *cit.*, pp. 32 y ss, DÍEZ-PICAZO, L. y GULLÓN, A.: *Sistema (2)*…

reiteramos, se establece como exigencia sustantiva esencial del derecho lo que es un mero requisito para su inscribibilidad en el Registro de la Propiedad[127].

Debe, con carácter previo, precisarse que este requisito no ha de confundirse con el plazo de ejercicio del derecho, pues ambos tienen un doble sentido.

Mientras que la duración del derecho alude a su vigencia (el periodo vital o de existencia del mismo), durante la cual el dueño está obligado a respetar dicha preferencia y dentro de la cual se ha de producir la transmisión que activa la posibilidad para ejercitar el retracto, el plazo de ejercicio es aquel con el que cuenta el titular para hacer efectivo su derecho una vez se produzca el presupuesto de su ejercicio (la adquisición por el tercero)[128].

Es ilustrativo el supuesto finalmente resuelto por la STS 17 noviembre 1931, que concede al prestamista un derecho de fadiga previo a la venta (equivalente, pues, al derecho de tanteo) vigente mientras dure el contrato de préstamo (plazo, por tanto, de duración), cuando el prestatario venda la finca objeto del derecho, con un plazo de ejercicio (diferente al de duración) de 60 días. Ambos plazos, no obstante, pueden coincidir, como acontece en los derechos de adquisición no preferente como la opción de compra o el pacto de retro o en aquellos casos en los que la duración y ejercicio del derecho se establece por referencia a la del negocio en que se incorpora (*infra*. V.4.c), como en los casos resueltos por las SSTS 29 noviembre 1993 y 13 mayo 2009.

Con las exigencias relativas a la duración en materia de derechos de constitución voluntaria se persigue indudablemente no lastrar la libre circulación de los bienes más allá de unos límites temporales, lo que encuentra especial justificación en su carácter limitativo de la facultad de disposición, pues si bien no representan prohibiciones de disponer absolutas que impidan al dueño del bien o titular del derecho proceder a la enajenación[129], sin embargo sí representan una restricción a la posibilidad de encontrar nuevos adquirentes dispuestos a ello, como ya hemos señalado.

La fijación de un plazo de duración responde, asimismo, a las exigencias del principio de especialidad y dota de seguridad al tráfico jurídico, ya que las preferencias adquisitivas negociales representan una perturbación en el tráfico jurídico frente al tercero adquirente impuesta en virtud de intereses de los par-

cit., p. 214, DÍEZ SOTO, C. M.: "Notas..." *cit.*, pp. 1711 y ss, y ARANDA RODRÍGUEZ, R.: *loc. cit.*, pp. 890 a 893.

[127] Por ello, RUBIO TORRANO, E.: *loc. cit.*, pp. 799 y ss, considera errónea la STS 3 marzo 1995.

[128] En este sentido, los autores mencionados en la nota 126, y MÁS BADÍA, M. D.: *loc. cit.*, p. 145.

[129] Para las que no cabe dudar de la limitación temporal. Al respecto, *vid.* LÓPEZ MAZA, S.: *op. cit.*, pp. 62 y ss.

ticulares frente a lo que ocurre con los derechos de adquisición preferente que tienen origen legal en los que se conjuga la satisfacción de intereses privados con su servicio a fines superiores de interés general o social[130].

Una vez señalado lo anterior, ha de partirse de que, como regla general, la duración del retracto será la expresamente determinada en el título por los constituyentes, debiendo en este punto precisarse que en virtud del principio de autonomía de la voluntad la misma no ha de determinarse necesariamente mediante el establecimiento de una determinada fecha o duración en años, sino que puede hacerse exclusivamente mediante el señalamiento a un número de enajenaciones del bien consecuencia de las cuales podrá ser ejercitado (*infra.* V.4.b), o a través de una mezcla de ambas (p. ej. retracto sobre las dos primeras transmisiones del bien efectuadas dentro del plazo de veinte años), como sucede en las previsiones supletorias de la normativa catalana[131].

De esta manera, en el derecho presentado sobre el que recayó la RDGRN 20 septiembre 1966, sólo podía ejercitarse en la primera transmisión del bien (como supletoriamente se dispone en el Derecho navarro), mientras que la STS 7 mayo 1927 admite que el retracto concedido pueda ejercitarse con gran amplitud ante las sucesivas enajenaciones, debiendo demandarse la resolución de todas las producidas hasta el momento del ejercicio del derecho.

Sin embargo, la duración del derecho origina ciertas dudas desde un doble punto de vista.

En primer lugar, se plantea si los particulares, a pesar de la señalada preeminencia y amplitud de la autonomía privada, pueden establecer un derecho de adquisición preferente indefinido o perpetuo, a semejanza de las preferencias adquisitivas legales.

Aunque, como se ha señalado, en éstas el legislador atendió en su creación a otros intereses tutelables que consideró superiores a la libertad en el tráfico económico, los cuales obviamente no concurren en el retracto voluntario, dicha posibilidad es acogida sin embargo por la RDGRN 10 abril 2014 –como admite explícitamente el Derecho navarro–, si las partes así lo pactan[132]; de igual modo, la RDGRN 26 abril 2019, a pesar de exigir entre los requisitos para inscribir en el Registro de la Propiedad el de respetar la necesaria fijación de la duración de los derechos reales limitados, admite excepcionalmente el acceso de aquellos que gozan de un carácter indefinido, como ocurre con las servidumbres prediales.

---

130 Así, MÁS BADÍA, M. D.: *loc. cit.*, p. 145.

131 Y en la PCC. Así, ARECHEDERRA ARANZADI, L. I.: "Los derechos…" *cit.*, pp. 32 y ss, y MEDINA SÁNCHEZ, R.: *op. cit.*, p. 722.

132 En el mismo sentido, MEDINA SÁNCHEZ, R.: *op. cit.*, pp. 721 y ss, con base en el art. 1255 CC.

Por el contrario, en otras ocasiones (así, la RDGRN 20 septiembre 1966) se ha declarado la sujeción de la duración del retracto voluntario a los límites que impiden la amortización de la propiedad –y evitar así vinculaciones del dominio indefinidas o excesivamente prolongadas– contenidos en los arts. 641, 781 y 785 CC, con base en su condición de obstáculo al tráfico jurídico (aun de menor grado que una limitación o prohibición absoluta de disposición) que afecta de forma singular a los terceros ajenos al negocio constitutivo.

Si se entiende concurrente este límite, algo dudoso a nuestro juicio, surge entonces la incertidumbre respecto de si las preferencias adquisitivas convencionales indefinidas (o aquellas cuya duración sobrepase dicho tope) quedarán afectadas por una nulidad parcial en el exceso o si, por el contrario, deberá declararse la nulidad absoluta del derecho, como hicieron las RRDGRN 4 enero 1927, 20 septiembre 1966 y 6 marzo 2001.

En todo caso, debe rechazarse plenamente en ese supuesto la aplicación analógica del plazo máximo previsto para el retracto convencional en el art. 1508, párrafo 2º CC (diez años)[133], por una falta de identidad de razón, pues, como se señaló anteriormente (*supra.* II.2.c) se trata de un derecho de adquisición no preferente con unos funcionamiento y finalidad diversos a los del retracto voluntario: el retracto convencional otorga la iniciativa de la puesta en marcha al vendedor y un plazo ilimitado de duración atentaría contra la seguridad en el tráfico jurídico aparte de causar una depreciación del valor monetario (teniendo en consecuencia aquel límite un propósito de evitar la sujeción de la adquisición efectuada a una perpetua condición resolutoria), circunstancia que no concurre en el voluntario, ejercitable en el momento de la venta por el dueño. Semejantes consideraciones cabe efectuar en relación con la aplicación analógica del plazo máximo de cuatro años previsto por el art. 14 RH para la opción de compra[134].

133 Sin embargo, la STS 3 abril 1981, a pesar de declarar inaplicables analógicamente las normas del retracto convencional del CC al derecho litigioso (combinación de retracto y opción), señaló contradictoriamente que no habían transcurrido los plazos establecidos en el art. 1508 CC. Más allá, la SAP Barcelona 1 diciembre 2010 aplica supletoriamente por analogía la duración máxima de 30 años establecida en el art. 326.1 del Texto Refundido de la Compilación del Derecho Civil de Cataluña aprobada por Decreto legislativo 1/1984, de 19 de julio, para el derecho de redimir en la venta a carta de gracia, en un supuesto en que la escritura de división dispuso claramente que el derecho lo tendría cada uno de los propietarios de las dos entidades sin ninguna limitación en cuanto a sucesivos titulares del derecho y número de transmisiones activadoras del derecho.

134 Como indica RIVERA SABATÉS, V.: *op. cit.*, pp. 14 a 16. En idénticos términos, se pronuncian la STS 13 diciembre 1958 y las RRDGRN 10 abril 2014 y 26 abril 2019.

En el caso del precepto hipotecario, se refiere, además, exclusivamente a la inscripción registral, y dado su carácter reglamentario presenta una muy dudosa legalidad por contravenir el principio de jerarquía normativa, a semejanza de lo dispuesto por los núms. 1 y 2 del art. 16 RH, que fueron declarados nulos por este motivo por las SSTS (Sala 3ª) 24 febrero 2000 (*RJ* 2000/2888) y 31 enero 2001 (*RJ* 2001/1083). LACRUZ BERDEJO, J. L. (y otros): *op. cit.*, p. 358, niega de manera concluyente la aplicación analógica del art. 14 RH.

En segundo lugar, y en conexión con la anterior cuestión, se plantea qué acontece cuando las partes no han establecido ninguna previsión acerca de la duración del derecho.

En el supuesto de que el retracto se inserte como una mera facultad integrante del contenido de un derecho subjetivo dentro de una relación jurídica contractual duradera (*v. gr.* de arrendamiento), las dudas desaparecen, ya que en tal caso ha de estimarse cumplido el requisito de la determinación del plazo de duración del derecho por referencia al del propio contrato en el que se incorpora, como admitieron las SSTS 19 noviembre 1993 y 13 mayo 2009, y la RDGRN 10 abril 2014.

Así, la primera[135] acepta que, a pesar de no establecerse un plazo de vigencia específico para tal derecho de adquisición preferente litigioso, no tiene una duración prorrogada ni menos indefinida y fuera de los estrictos términos temporales para los que se otorgó su vigencia, que no son otros que los de la duración del contrato de arrendamiento principal, no siendo necesario, en consecuencia, que se fije un plazo preciso, al poder determinarse por referencia al negocio principal.

Por el contrario, si el derecho de retracto voluntario es concedido en un negocio jurídico de constitución autónomo, podría pensarse en primer lugar en la nulidad del derecho por indeterminación[136], solución excesiva por contrariar el principio general de conservación del negocio (*favor negotii*), máxime cuando no existe exigencia legal al respecto.

Pero entonces, ante la inexistencia de un plazo legal supletorio semejante a los previstos en los Derechos forales, ¿a qué plazo de duración habría de acudirse con carácter supletorio para integrar tal laguna conforme al art. 1258 CC?

Cabría en tal caso, bien estimar la vigencia indefinida del derecho mientras dure la situación en base a la cual se ha otorgado (a semejanza de los retractos legales)[137], o bien considerar aplicable analógicamente el plazo de cuatro años fijado con carácter supletorio para el supuesto de ausencia de plazo en el re-

[135] En el supuesto abordado (idéntico al resuelto por la de 13 mayo 2009), un contrato de arrendamiento y otro de subarriendo incorporaban una cláusula o disposición adicional conforme a la cual si la propiedad vendiese el terreno habría de informar de ello, dentro de los meses de noviembre, diciembre y enero "a arrendatario y al subarrendatario" y éstos "se reservan el derecho de tanteo y retracto sobre la posible venta".

[136] En el Derecho catalán el plazo supletorio previsto impide la invalidez del derecho por indeterminación de su duración; en contra, DÍEZ SOTO, C. M.: "Notas..." *cit.*, pp. 1711 y ss, quien considera en este caso que los plazos máximos fijados por la normativa catalana no pueden entenderse como supletorios.

[137] Como hace MEDINA SÁNCHEZ, R.: *op. cit.*, pp. 721 y ss.

tracto convencional (art. 1510, párrafo 1º CC)[138] o el máximo para la opción de compra inscribible (art. 14 RH), por tratarse de los únicos términos establecidos normativamente para supuestos de constitución convencional de derechos de adquisición.

Sea una u otra la solución elegida, cabe reproducir las enérgicas reservas efectuadas respecto de las mismas en relación con el límite de duración del retracto voluntario, por lo que ninguna de las dos alternativas puede considerarse mínimamente satisfactoria y hace en definitiva cuando menos deseable *de lege ferenda* el establecimiento por la normativa de un plazo supletorio determinado dentro de una más amplia regulación general de la duración de las preferencias adquisitivas convencionales.

4. DELIMITACIÓN DEL DERECHO

Si bien los elementos esenciales del negocio jurídico de constitución del retracto han de regirse por las normas generales de validez de los contratos (arts. 1261 y ss CC), sin mayores singularidades al respecto, en alguna resolución judicial (*v. gr.* SAP Barcelona 1 diciembre 2010), con base en el principio de especialidad, se formulan como requisitos de validez y eficacia de las preferencias adquisitivas convencionales unas mayores exigencias en cuanto a la determinación o determinabilidad de algunos elementos del contenido y ejercicio del derecho[139].

De nuevo, ha de ponerse de manifiesto que con dichas exigencias se entrelazan indiscriminadamente los planos sustantivo y registral, pues son propias de la inscripción registral del derecho, en aplicación concreta a nuestra materia de lo dispuesto en los arts. 9 LH y 51 RH, tal y como puede apreciarse en las

---

138 Opción rechazada por la STS 13 diciembre 1958; recuérdese, por el contrario, que la SAP Barcelona 1 diciembre 2010 aplica el correspondiente al derecho de redimir en la venta a carta de gracia.

139 En el Derecho catalán (a diferencia de lo que ocurre con la CDFN), el art. 568-6 CCCat establece como contenido mínimo del título de constitución del retracto voluntario: a) El plazo de duración, que, si no se fija, es determinado supletoriamente en cuatro años (como se vio), y el plazo de su ejercicio, si procede; c) si el derecho se constituye a título oneroso, la prima pactada para constituirlo y la forma en que se ha satisfecho; d) el domicilio de titular del retracto (a los efectos de las notificaciones preceptivas, por lo que no es, obviamente, un elemento constitutivo del derecho). Como pone de manifiesto DÍEZ SOTO, C. M.: "Notas…" *cit.*, pp. 1711 y ss, su fundamentación se halla en la exigencia de forma o inscripción registral como requisitos constitutivos.

Más exigente aún se muestra en cuanto a ese contenido mínimo del título constitutivo del derecho el art. 3113-1.2 PCC, que junto al plazo de duración y la voluntad del constituyente de caracterización del derecho como real, requiere la constancia del sujeto o sujetos a favor de quienes se constituye, el objeto sobre el que recae, en su caso la prima convenida para conceder el derecho de adquisición, y el domicilio del titular del derecho de adquisición preferente a los efectos de las notificaciones preceptivas.

RRDGRN 4 enero 1927 y 19 septiembre 1974. En este punto, la STS 7 mayo 1927, admitió de forma genérica con generosidad la validez de un derecho otorgado testamentariamente, con relajación de las mismas[140].

a) Objeto

El primer aspecto sobre el que han de asentarse dichas exigencias de plena y específica determinación del retracto voluntario va referido al objeto sobre el que este recae[141].

No obstante, no existen unos requerimientos adicionales a los establecidos con carácter general para los contratos en los arts. 1271 a 1273 CC.

De esta manera, con la mayor amplitud posible, puede tratarse de un bien o derecho de contenido patrimonial no contrario a las leyes o las buenas costumbres (art. 1271, párrafo 3º CC) que sea susceptible de relaciones jurídicas privadas, quedando excluidos únicamente de inicio, pues, los bienes demaniales (arts. 132.1 CE y 6.a de la Ley 33/2003, de 3 de noviembre, del Patrimonio de las Administraciones Públicas).

A diferencia de algunos retractos previstos por ley para determinadas y concretas situaciones exclusivamente posibles con bienes inmuebles (ej. colindantes, arrendaticios), el retracto voluntario podrá recaer sin límites sobre bienes corporales o incorporales[142], y dentro de los primeros no sólo sobre bienes inmuebles sino también sobre muebles.

---

140 Específicamente, la cláusula autorizaba expresa y solidariamente a los compradores para que vendiesen en pública y extrajudicial subasta la casa de su propiedad, advirtiendo que cualquiera de los herederos podría quedarse con dicha casa por el tanto mayor que por ella diese cualquier extraño.

141 Así, DÍEZ-PICAZO, L.: "Autonomía..." *cit.*, pp. 296 a 301, y explícitamente el art. 3111-3.2.d) PCC.

142 Como señalan GARCÍA CANTERO, G.: *op. cit.*, y MEDINA SÁNCHEZ, R.: *op. cit.*, pp. 597 y ss, si bien esta última advierte de la dificultad de su establecimiento sobre bienes muebles en el supuesto de que existan sucesivas transmisiones por inexistencia en su momento de un Registro en el que anotar estas y hacer pública la existencia de un gravamen de carácter real, con la consiguiente limitación de los intereses del retrayente (transmisiones sin constancia de su existencia, transmisiones sin notificación al titular del derecho de retracto...). Dichos inconvenientes, sin embargo, han de entenderse superados tras la creación del Registro de Bienes Muebles por la DA única.1 del RD 1828/1999, de 3 de diciembre.

En semejantes términos, la ley 460, párrafo 3º CDFN dispone expresamente que puede recaer sobre bienes inmuebles o establecimientos mercantiles o industriales, acciones de sociedades, participaciones o cuotas sociales, derechos de propiedad industrial o intelectual y cualesquiera otros bienes muebles *susceptibles de identificación*. El art. 568-3 CCCat admite de forma más limitada que pueden recaer sobre bienes inmuebles y muebles *que puedan identificarse*, y sobre bienes futuros bajo condición de la existencia efectiva de su objeto. Por su parte, el art. 3111-4.1 PCC establece que pueden recaer sobre bienes inmuebles o sobre bienes muebles registrables,

Entre los bienes incorporales o derechos de contenido patrimonial objeto del retracto voluntario, cabe incluir en primer lugar las cuotas de copropiedad (art. 393 CC)[143] con un contenido distinto al retracto legal concedido por el art. 1522 CC, o al tanteo y retracto sobre participación indivisa de finca rústica reconocido por el art. 22.2 LAR, entre otros.

Igualmente, cabe la constitución de retractos sobre las acciones o participaciones de sociedades mercantiles, con base en el art. 121.1 del Texto Refundido de la Ley de Sociedades de Capital aprobado por RDLeg. 1/2010, de 2 de julio –TRLSC–, cuyo art. 109.3 reconoce expresamente el derecho de adquisición preferente de los socios, o en su caso la sociedad, en caso de enajenación forzosa de participaciones de una sociedad de responsabilidad limitada (SAP Vizcaya 20 julio 2021 –*JUR* 2021/370484– y RDGSJFP 23 noviembre 2020 –*RJ* 2020/5499–). Así, en el caso resuelto por la STS 27 febrero 2008 el objeto de la preferencia adquisitiva convencional fueron acciones del capital del Sevilla FC, SAD, mientras que la SAP Alicante 3 julio 2017 (*AC* 2017/1245) abordó un tanteo y retracto sobre participaciones de una sociedad limitada.

Del mismo modo, pueden ser objeto de retracto voluntario los derechos de explotación reconocidos al autor de una obra (no los morales, art. 14 del Texto Refundido de la Ley de Propiedad Intelectual aprobado por RDLeg. 1/1996, de 12 de abril –TRLPI–), en el supuesto de transmisión *inter vivos* de los mismos conforme a los arts. 43 y ss TRLPI[144].

Asimismo, puede recaer el retracto sobre los derechos de propiedad industrial, de acuerdo con los arts. 46.2 de la Ley 17/2001, de 7 de diciembre, de Marcas –LMa–, 82.1 de la Ley 24/2015, de 24 de julio, de Patentes –LPat–, 59.1 de la Ley 20/2003, de 7 de julio, de Protección Jurídica del Diseño Industrial –LDI–, y 5.1 de la Ley 11/1988, de 3 de mayo, de Protección Jurídica de las topografías de los productos semiconductores –LTPS–[145]. Así, el AAP

especificando el nº 2 que podrán ser un bien en su totalidad o una parte determinada del mismo, una cuota indivisa, o un conjunto de bienes.

[143] *Vid.* MARTÍNEZ GARCÍA, M. A.: *loc. cit.*, pp. 71 y ss.

[144] Sobre la posibilidad de celebrar negocios sobre los derechos de autor de contenido patrimonial, incluidos los de constitución de derechos reales limitados, por todos, GETE-ALONSO CALERA, C.: "Art. 43", en BERCOVITZ RODRÍGUEZ-CANO, R. (coord.): *Comentarios a la Ley de Propiedad Intelectual*, 4ª ed., Tecnos, Madrid, 2017, pp. 865 y ss. Como señala MORALEJO IMBERNÓN, N.: "El Registro de la Propiedad Intelectual", en *Pe. i: Revista de propiedad intelectual*, nº 26, 2007, pp. 31 y 41, tienen acceso al Registro de la Propiedad Intelectual exclusivamente los derechos de naturaleza real (titularidad y derechos reales sobre las obras) que tengan contenido patrimonial (quedan fuera, por tanto, los derechos morales del art. 14 TRLPI), con exclusión de los derechos de remuneración (arts. 24, 25 y 90, 2, 3 y 4 TRLPI).

[145] Acerca de la amplitud de negocios jurídicos sobre los derechos de propiedad industrial, *vid.*, entre otros, GONZÁLEZ BUENO, C.: "Comentario al art. 46", en GONZÁLEZ BUENO, C. (coord.): *Comentarios a la Ley y al Reglamento de Marcas*, Civitas, Madrid, 2003, p. 468, LOBATO, M.: *Comentario a la Ley 17/2001, de Marcas*, Civitas, Madrid, 2002, p. 731, o PÉREZ TROYA,

Guipúzcoa 28 septiembre 2018 (*AC* 2019/82) resolvió sobre el ejercicio en procedimiento concursal de un tanteo convencional sobre marca concedido por su titular.

Puede constituirse también un derecho de retracto voluntario sobre derechos reales (*v. gr.* nuda propiedad –posibilidad expresamente prevista para el tanteo y retracto legal en el art. 22.2 LAR– o usufructo) o de crédito, emanados de contratos típicos (como en caso de cesión o traspaso por el arrendatario de su derecho *ex* arts. 8 y 32 LAU o 23 LAR) o atípicos (ej. concesión de una franquicia conforme al art. 62.1 de la Ley 7/1996, de 15 de enero). En el contrato litigioso que dio lugar a la STS 13 diciembre 1958, se concedía el derecho de adquisición si algún día se tratase de *arrendar* o vender el bien, mientras que la STS 16 enero 2017 (*RJ* 2017/23) tuvo por objeto el ejercicio de un tanteo sobre una franquicia.

Por otro lado, es admisible que el objeto no exista en el momento de constitución del derecho, pero en tal caso queda sujeto a la condición de su efectiva existencia futura, conforme al art. 1271, párrafo 1º CC[146].

El derecho de adquisición voluntario puede establecerse no sólo sobre un bien individual, sino también sobre parte/s del mismo (como explícitamente se admite en la preferencia legal del art. 22.2 LAR), especialmente si se trata de un inmueble, ej. piso/s o local/es en edificio en régimen de propiedad horizontal –arts. 396 CC y 3 LPH–[147].

Asimismo, cabe la posibilidad de que recaiga sobre un conjunto de bienes inmuebles, muebles o mixto de ambos (como un establecimiento mercantil o industrial), si bien en este caso, habrá que distinguir si se configura de modo unitario, es decir, respecto del conjunto de los bienes gravados, de modo que haya de afectar a la totalidad de ellos si son también transmitidos en su tota-

---

A.: "La transmisión de derechos de propiedad industrial. Especial consideración de su aportación a la empresa", en *Anuario de la Facultad de Derecho de la Universidad de Alcalá*, 2008, pp. 252 y 255.

De hecho, los arts. 46.1 LMa, 80.2.a) LPat y 58.2.a) LDI reconocen de forma expresa sendos derechos de tanteo y retracto legal, respectivamente, a los copropietarios de la marca, la patente y el diseño industrial en caso de cesión o disposición de los mismos o de una participación. Recayeron sobre la preferencia establecida en el primero de los mencionados preceptos, la STS 9 marzo 2021 (*RJ* 2021/968), y las SSAAPP Valencia 13 julio 2011 (*AC* 2011/1534) y Cantabria 13 diciembre 2017 (*AC* 2018/559).

De igual manera es posible la concesión de derechos de retracto voluntario sobre las licencias objeto de la marca, patente o diseño industrial (*cfr.* arts. 48 LMa, 83 LPat y 60 LDI, respectivamente).

[146] Específicamente, lo aceptan los arts. 568-3 CCCat y 3111-4.2 PCC.

[147] Lo admiten, con la exigencia de que se trate de "partes determinadas", los arts. 568-3 CCCat (el cual permite incluso que recaiga sobre la edificabilidad del inmueble) y 3111-4 PCC.

lidad, sin que quepa el ejercicio separado[148], como aconteció en el supuesto abordado por la RDGRN 19 febrero 2003.

El único límite general en este punto viene impuesto por la perfecta identificabilidad del bien o derecho, como consecuencia de la exigencia del inciso inicial del art. 1273 CC, de acuerdo con el cual ha de tratarse de *cosa determinada en cuanto a su especie.*

Al respecto cabe indicar que, aunque esta limitación no impide teóricamente que el retracto voluntario pueda recaer sobre un bien fungible, cabe desechar tal posibilidad por cuanto, tratándose aquél de un derecho de adquisición concedido a un particular en caso de enajenación, parece lo lógico entender que su objeto no podrá ser cualquier cosa, sino una determinada y concreta en la que el titular de aquél pueda estar interesado[149].

Sin embargo, si se pretende la inscripción registral del derecho para lograr su plena oponibilidad, las exigencias de perfecta individualización del bien o derecho objeto se intensifican de acuerdo con el principio de especialidad, habiendo de ajustarse entonces a los requisitos dispuestos en los arts. 9 LH y 51 RH[150].

Admitida con enorme amplitud la posibilidad de constituir un retracto voluntario no sólo sobre un único bien, sino también (especialmente en caso de retracto inmobiliario) sobre un conjunto de bienes, sobre partes –indivisas o no– del mismo, así como sobre derechos limitados, puede generarse en estos supuestos una serie de problemas cuando en el momento de la enajenación y de ejercicio del derecho no se produzca una plena concordancia entre el objeto del retracto y el de aquélla.

La solución de los mismos, ha de venir obviamente determinada en primer lugar por la regulación en el título constitutivo del derecho (STS 16 enero 2017)[151].

---

[148] Así, MARTÍNEZ GARCÍA, M. A.: *loc. cit.*, pp. 71 y ss. *Vid.* ley 460, párrafo 3º CDFN, y arts. 568-3 CCCat y 3111-4 PCC.

[149] Como indican GARCÍA-AMIGO, M.: *loc. cit.*, p. 124, y MEDINA SÁNCHEZ, R.: *op. cit.*, pp. 597 y ss, quien excluye por tal razón además la posibilidad de constitución del retracto sobre un bien consumible que por el mero uso se destruyera o inutilizara como tal.

[150] En el caso del Derecho catalán, como quiera que la inscripción del derecho es constitutiva en caso de que recaiga sobre un inmueble, la perfecta identificación ha de ser en términos registrales; en el mismo sentido, en la PCC, al exigir la inscripción tanto si recae sobre inmuebles como sobre muebles, el requisito de la identificabilidad es sustituido por el de la registrabilidad.

[151] Conforme a la cual, pactado por el franquiciador con el franquiciado un tanteo sobre las futuras franquicias que de una determinada marca se abrieran, no se extiende aquél a nuevas franquicias de otras marcas que, aun perteneciendo al concedente, no fueron previstas en el contrato.

Sin embargo, en defecto de la misma, la respuesta no puede ser unitaria, habida cuenta de la diversidad de supuestos que pueden plantearse, pudiendo sistematizarse de la siguiente forma:

- Una primera hipótesis es aquella en la que recayendo el retracto sobre una parte independiente de aquellas en que se divide del objeto, es enajenado éste en su totalidad o en una parte no coincidente con aquella, cuyo ejemplo paradigmático y más habitual en la práctica, como se ha indicado, es quizá el del retracto recayente sobre sobre un piso o local de un edificio en régimen de propiedad horizontal.

  A falta de una precisa solución legal, la discordancia entre ambos bienes se resolverá en tal caso con la exclusión del retracto, por analogía con lo dispuesto por el art. 25.7 LAU para el retracto del arrendatario urbano, fundamento y solución que pueden encontrarse en la sentencia de instancia del procedimiento al que puso fin la STS 13 mayo 2009, que declaró expresamente la inexistencia del retracto –y su consiguiente inoponibilidad– frente al adquirente al no coincidir el objeto vendido –totalidad del edificio– y el del retracto –local arrendado–[152].

  Sin embargo, el Alto Tribunal casa la resolución con base en una doble fundamentación: de un lado, declara que el edificio "es una unidad física y jurídica deslindable (y segregable) y no resulta conforme a la intención de los contratantes del arrendamiento la exclusión del retracto de una eventual venta del edificio en cuyo sótano se encuentra ubicada"; de otro, añade en el Fundamento de Derecho 5º la inaplicación analógica de la normativa del TRLAU.

  A nuestro juicio, el criterio determinante de la solución a la que llega la Sentencia resulta cuando menos cuestionable, pues parece excesivo interpretar en un supuesto en el que se enajene la totalidad del edificio en

---

[152] El art. 25.7, párrafo 1º LAU (aplicable asimismo a los arrendamientos de uso distinto por la remisión del art. 31) dispone que "*no habrá lugar a los derechos de tanteo o retracto cuando la vivienda arrendada se venda conjuntamente con las restantes viviendas o locales propiedad del arrendador que formen parte de un mismo inmueble ni tampoco cuando se vendan de forma conjunta por distintos propietarios a un mismo comprador la totalidad de los pisos y locales del inmueble*".

El precepto plasma la doctrina jurisprudencial recaída sobre el art. 47.1 TRLAU 1964 –aplicada por analogía por la Audiencia Provincial, habida cuenta de que en el momento de celebración del contrato no había entrado en vigor la vigente LAU–, que inició la STS 21 junio 1966 (*RJ* 1966/3183), conforme a la cual en el retracto arrendaticio urbano el retrayente ha de serlo de toda la finca transmitida, de modo que cuando el arrendador enajena una porción mayor que la que el arrendatario tenía arrendada no es posible el derecho de retracto; doctrina que fue confirmada posteriormente, entre otras, por las SSTS 24 abril 1982 (*RJ* 1982/2591), 30 abril 1985 (*RJ* 1985/2004), 25 abril 1994 (*RJ* 1994/3223), 18 mayo 1995 (*RJ* 1995/3928) y 27 noviembre 2001 (*RJ* 2001/9529), así como por la RDGRN 24 julio 1995 (*RJ* 1995/5582), entre otras.

una única transmisión (como acaeció en el caso resuelto) que la intención (presunta) de los contratantes fue la de facultar el ejercicio del retracto: muy al contrario, si se atiende a su finalidad (art. 1281, párrafo 2º CC), puede apreciarse que ésta es exclusivamente la adquisición de la parte sobre la que recae y no del inmueble en su totalidad.

A ello se une la circunstancia decisiva de que, como veremos ulteriormente (*infra.* V.4.d), entonces se produce una indeterminación en el precio a abonar por el retrayente, imposibilitador del ejercicio del retracto, como con posterioridad concluye la Sentencia para proceder finalmente a la desestimación de la demanda.

De otro lado, no parece tampoco que la enajenación de la totalidad del inmueble en un único acto persiga en todo caso la burla del titular del retracto, finalidad que podría motivar la declaración de nulidad de la enajenación; no obstante, si es efectivamente demostrado dicho carácter fraudulento de la transmisión habrá de considerarse nula la misma en lo que se refiere al objeto retractual, quedando incólume el derecho (aunque éste no podrá hacerse efectivo en este momento).

La misma solución, *mutatis mutandis*, ha de considerarse válida p. ej. para los supuestos de transmisión conjunta de todos o varios derechos de explotación integrantes de la propiedad intelectual *ex* art. 43.1 TRLPI, cuando el retracto recaiga exclusivamente sobre uno de ellos (habida cuenta de su independencia, conforme al art. 23 TRLPI).

Por el contrario, la oponibilidad del retracto ha de ser la respuesta en caso de que se transmitan a diversos adquirentes todos o algunos de los departamentos que componen el inmueble (siempre que se encuentre incluido en la enajenación el objeto del retracto), cuando los mismos cuenten con una individualidad y funcionalidad propia y exista una plena identidad y coincidencia entre lo realmente enajenado y lo que constituye el objeto del retracto y pueda, en consecuencia, fijarse un precio determinado individual a abonar por el retrayente (por ejemplo, en caso de que se venda por un precio que resulte de la suma del valor de cada una de las partes)[153].

- Esta última solución podría predicarse con carácter general para la hipótesis inversa a la anterior, en la que recayendo el retracto sobre la totalidad del bien divisible (normalmente un inmueble), es enajenada

[153] Si bien recayeron sobre sendos retractos reconocidos por la normativa arrendaticia urbana, así lo estimaron las SSTS 22 septiembre 2003 (*RJ* 2003/6430), 15 octubre 2008 (*RJ* 2008/6915) y 24 febrero 2010 (*RJ* 2010/1403), que estimaron acreditadas tales circunstancias.

una parte del mismo, como p. ej. una finca segregada de otra mayor, o bien varias (o incluso todas) a distintas personas y en distintos actos.

La finalidad del retracto voluntario en este caso es el acceso a la propiedad de la totalidad del bien, el cual puede lograrse directamente mediante la adquisición de éste en un solo acto o de forma indirecta a través de adquisiciones sucesivas de sus diferentes elementos.

Por ello, no debe haber problema en admitir la concesión al titular del retracto de la facultad de ejercicio contra todos y cada uno de los adquirentes, abonando el precio pagado por ellos, para convertirse así en copropietario (con los dueños de las partes restantes) o en propietario único de la parte adquirida (en caso de que el inmueble admita la propiedad separada de sus diversas piezas)[154].

Bastará así con que exista una coincidencia objetiva parcial entre el bien enajenado y aquél sobre el que recae el derecho[155].

De lo contrario, quedaría fácilmente sin efecto el retracto mediante la transmisión sucesiva del bien por partes, especialmente cuando su ejercicio se encuentre limitado únicamente a la primera enajenación o a un breve plazo de duración.

Asimismo, debe tenerse en cuenta que el problema planteado en el supuesto anterior relativo a la determinación del precio a abonar por el retrayente desaparece aquí, por cuanto no sería necesario fijarlo *ex novo* (ya que el precio de ejercicio vendría constituido así por la suma de los abonados en cada una de las enajenaciones).

- Idénticas reflexiones en cuanto a la finalidad y prevención de la burla pueden efectuarse para otorgar idéntica solución a un tercer supuesto conflictivo de ejercicio del retracto por falta de coincidencia objetiva, en el que recayendo aquél sobre un bien en copropiedad indivisa, es enajenada por alguno de sus copropietarios su cuota, como con base en tales argumentos han hecho de manera correcta reiteradamente la

[154] Este supuesto daría lugar al nacimiento de un régimen de propiedad horizontal (de acuerdo con los arts. 396 CC, 1 y 2.b LPH). Si el inmueble se encontraba dividido horizontalmente con carácter previo a la enajenación y el retracto recae sobre la totalidad de aquél, el derecho será oponible igualmente frente a los adquirentes de uno o varios de los pisos o locales que lo integran.

Cabe, igualmente, extender tales consideraciones al retracto concedido sobre los diferentes derechos de explotación de una obra, cuando se transmita individualmente alguno de ellos.

[155] En este sentido, MEDINA SÁNCHEZ, R.: *op. cit.*, pp. 597 y ss, quien se centra en el supuesto en que el retracto conste en el Registro de la Propiedad.

jurisprudencia y la doctrina registral, si bien en relación con el retracto arrendaticio urbano[156].

Por otro lado, en caso de inscripción registral del bien objeto del derecho, no se verá alterada con carácter general la solución indicada, si bien, por el juego del principio de fe pública registral, la oponibilidad del derecho a los adquirentes que gocen de la protección del art. 34 LH, requerirá el acceso de aquél al Registro (*infra*. VI.2.a).

- Finalmente, un último supuesto de discordancia entre el objeto del derecho y el de la enajenación que cabe imaginar es el de trasmisión de la propiedad gravada por un derecho real limitado de uso y disfrute (ej. por un derecho de usufructo) cuando el retracto recae sobre la plena propiedad del bien, para el cual la RDGRN 4 enero 1927 excluyó su oponibilidad al adquirente con base en dicha discrepancia objetiva.

  Dicha solución, no obstante, parece incorrecta si se tiene en cuenta que la propiedad plena objeto del retracto no puede considerarse desigual a la de la enajenación, ya que únicamente se encuentra gravada con carácter temporal, lo que originará que haya de soportarlo el retrayente (salvo que tenga preferencia de acuerdo con el principio de prioridad *ex* arts. 1473 CC y 34 LH), y que el propietario recuperará las facultades que integran el contenido del derecho real limitado en el momento de extinción de éste (*v. gr.* arts. 513 y 522 CC para el usufructo, o para la superficie urbana el 54.5 TRLS).

b) Enajenaciones en las que opera

Si bien la determinación de las enajenaciones que facultan para el ejercicio del retracto voluntario forma parte del contenido esencial del mismo cuando se trate de lograr la plena eficacia frente al tercero adquirente mediante su publicidad registral, en virtud del principio de especialidad contenido en los arts. 9.c LH y 51.6ª RH[157], no existe nuevamente desde un punto de vista sustantivo exigencia o limitación específica alguna en relación con los supuestos en los que procede el ejercicio del derecho como requisito de válida constitución del derecho.

---

156 Así, STS 27 marzo 1989 (*RJ* 1989/2200), y RRDGRN 30 enero 1980 (*RJ* 1980/220), 17 enero 1989 (*RJ* 1989/186) y 27 diciembre 1996 (*RJ* 1996/9386).

Por otro lado, en la hipótesis contraria, enajenación por la totalidad de los copropietarios del bien (considerablemente menos frecuente), cuando el retracto recae sobre una cuota indivisa, no debe plantearse tampoco ningún inconveniente para admitir el ejercicio del retracto frente al comunero enajenante, al existir perfecta individualización del objeto del derecho.

157 Así, CAMPO VILLEGAS, E.: *loc. cit.* pp. 234 y ss, y MÁS BADÍA, M. D.: *loc. cit.*, pp. 134 y ss.

En este punto, el retracto opera con carácter natural frente a las transmisiones a título oneroso en las que la contraprestación del adquirente consista en el pago de un precio, y más concretamente en la compraventa[158], tal y como para el retracto legal admite el art. 1521 CC (a la que equipara la dación en pago), debiendo ser incluidas en su seno las ventas forzosas en subasta pública consecuencia de procedimientos legales o administrativos de ejecución del bien o derecho sobre el que recae el retracto habida cuenta de la identidad con la venta voluntaria[159].

No obstante, dado que lo dispuesto en el art. 1521 CC no ostenta carácter esencial para las preferencias adquisitivas convencionales, los particulares podrán extender con plena libertad en virtud del principio de autonomía privada su aplicación a cualesquiera enajenaciones por acto a título oneroso o a título gratuito (*inter vivos* o *mortis causa*) distintas de la venta o dación en pago en las que no medie dinero o un precio propiamente dicho (como la transacción, la permuta, la aportación a sociedad, la adjudicación de la cosa común, la donación, el legado…) –como ampliamente admitió la RDGRN 20 septiembre 1966– y, a su vez, seleccionar si a todas o sólo a algunas de ellas (SAP Navarra 1 julio 2010)[160]; en contra, la STS 22 abril 2008 declara que el retracto procede exclusivamente cuando el dueño de la cosa "*la haya transmitido onerosamente a un tercero*".

---

158 Como en el caso resuelto por la STS 13 diciembre 1958.

159 Como expresamente prevén la ley 448, párrafo 2º CDFN, los arts. 568-14.2 CCCat –en cuyo caso el titular debe igualar el mejor precio ofrecido en la subasta– y 3113-3.1 PCC, y declararon la STSJ Cataluña 3 octubre 2013 (subasta pública derivada de un procedimiento de ejecución de la Seguridad Social) y la SAP Barcelona 22 diciembre 2011 (venta en procedimiento de ejecución hipotecaria). En contra, la SAP Burgos 22 junio 2016 estimó que la transmisión efectuada no permitía el ejercicio del derecho de tanteo reconocido a favor de la titular, por tratarse de una transmisión forzosa impuesta por el FROB por acto administrativo (Ley 9/2012), ya que sólo opera o permite el derecho de tanteo cuando se trate de transmisiones jurídico-privadas libres y voluntarias para el transmitente; en el mismo sentido, MEDINA SÁNCHEZ, R.: *op. cit.*, pp. 190 y 722, se muestra partidaria de excluir o restringir el ámbito de estos derechos en los supuestos de enajenación forzosa a fin de evitar perjuicios injustificables a los acreedores.

160 Así, GARCÍA-AMIGO, M.: *loc. cit.*, p. 124, DÍEZ SOTO, C. M.: "Comentario…" *cit.*, p. 10670, GONZÁLEZ PACANOWSKA, I.: *op. cit.*, pp. 337 y ss, MEDINA SÁNCHEZ, R.: *op. cit.*, pp. 190 y 722, GARCÍA CANTERO, G.: *op. cit.*, MÁS BADÍA, M. D.: *loc. cit.* 134 y ss, y ARECHEDERRA ARANZADI, L. I.: "Los derechos…" *cit.*, pp. 123 y ss, este último con ciertas dudas.

En cambio, si bien el art. 568-14.1 y 5 CCCat faculta a las partes para establecer en qué transmisiones puede ejercerse el retracto, excluye las gratuitas entre vivos o por causa de muerte, de acuerdo con el nº 3; en idénticos términos, la ley 445, párrafo 1º CDFN lo admite exclusivamente en caso de transmisión onerosa. Por su parte, aunque el art. 3113-3-1 PCC dispone que el ejercicio de los derechos de adquisición preferente de constitución voluntaria procede "*en los casos de compraventa, dación en pago, transmisión forzosa en pública subasta y aquellos que presenten analogía con los anteriores, atendida la naturaleza y función del negocio*", admite la posibilidad de incluir convencionalmente las transmisiones a título gratuito.

Estos supuestos, más allá de las dudas acerca de su viabilidad para activar el retracto (al menos en el caso de las enajenaciones a título gratuito), pues son previstos expresamente ya para algunos derechos legales de adquisición preferente (*v. gr.* art. 22.2 LAR), plantean como principal cuestión conflictiva que el titular no adquirirá en las mismas condiciones en que lo hizo el tercero, ya que indudablemente no se puede hablar en sentido estricto de existencia de "tantundem".

Como consecuencia, habrá de estipularse en el título constitutivo del derecho un sistema de fijación del valor del bien o la contraprestación a abonar por el retrayente con el máximo detalle posible, siendo esencial que no se deje al arbitrio de una de las partes, pues de lo contrario será nulo de pleno Derecho (*ex* arts. 1256, 1273, 1447 y 1449 CC)[161], ya que no existirá ningún mecanismo de determinación supletorio del mismo como el contenido en el art. 22.2 LAR para el retracto arrendaticio rústico[162], sin que pueda estimarse éste aplicable analógicamente de manera generalizada.

En este sentido, la SAP La Coruña 13 octubre 2020 desestimó la demanda de retracto sobre el local arrendado contenido en una cláusula (a la que califica de obscura) que facultaba el ejercicio conforme al art. 31 LAU, "*tanto en las transmisiones* inter vivos *como en las transmisiones* mortis causa", entre otras razones, porque "*no se prevé precio (valoración del bien y a qué fecha...)*".

Del mismo modo, cuando el título constitutivo guarde silencio respecto de las enajenaciones que ponen en marcha el retracto (supuesto ciertamente inusual), nos encontramos con un derecho incompleto en su contenido esencial, indeterminación que imposibilitará su eficacia frente a terceros, salvo que se considere de aplicación a la compraventa (y la adjudicación en subasta pública) o dación en pago por analogía con la previsión general del art. 1521 CC, en definitiva, transmisiones onerosas cuya contraprestación no sea fungible o personalísima[163].

c) Plazo de ejercicio

El establecimiento de un plazo para el ejercicio del retracto voluntario debe considerarse de igual forma una exigencia esencial de validez para su

---

[161] En el mismo sentido, MÁS BADÍA, M. D.: *loc. cit.*, pp. 134 y ss.

[162] Precio de mercado de la finca en la zona o comarca (art. 11.1) teniendo en cuenta los criterios establecidos en la DA 2ª de la Ley para los supuestos de expropiación forzosa; "valor de mercado" que es reiterado expresamente en el art. 3113-5 PCC (por remisión a lo dispuesto en el art. 3112-2.3) para el retracto voluntario en caso de "*transmisión mediante un negocio a título gratuito o a título oneroso en el que no existe precio propiamente dicho*".

[163] Como hacen los arts. 668-14.1 y 2 CCCat y 3113-3.1 y 3113-5.a) PCC, con limitación a la primera transmisión. En este sentido, MEDINA SÁNCHEZ, R.: *op. cit.*, p. 722.

constitución con carácter real y la consiguiente eficacia y preferencia frente a terceros, por razón de los requisitos de determinación y especialidad, no sólo de la normativa hipotecaria, tal y como han subrayado la jurisprudencia y las doctrinas científica y administrativa[164].

En este punto, la concesión al retrayente de un plazo indefinido o indeterminado para ejercitar su derecho iría en contra de la más mínima seguridad jurídica, dando lugar a la aleatoriedad de la economía de la vida del derecho subjetivo del adquirente, quien bajo una permanente espada de Damocles podría ser despojado o lesionado en cualquier momento de su derecho como consecuencia del ejercicio del retracto, situándose así en la más absoluta indefensión.

Se muestra especialmente rigurosa a este respecto la STS 20 julio 1998, que negó a los derechos de tanteo y retracto litigiosos la condición de reales, por (y en ello incide muy especialmente la resolución como principal fundamentación) la falta en el título constitutivo de un plazo de caducidad para su ejercicio semejante al que impone la Ley para los tanteos y retractos legales, quedando de esta manera como derechos personales con efectos meramente obligacionales e inoponibles frente a los compradores, pues, a juicio de la Sala, la forma abstracta de establecer el tanteo y el retracto sin concreción de tiempo de caducidad devalúa su carácter real.

En el cumplimiento de esta exigencia, los particulares tendrán, eso sí, plena libertad para el señalamiento de dicho plazo respetando los límites del art. 1255 CC que impiden en este caso la fijación de un plazo perpetuo, como decimos.

Así, podrán disponer un plazo específico o establecerlo por remisión expresa a cualquiera de los plazos que las distintas normas establecen para los diferentes derechos legales de adquisición preferente[165]; igualmente, podrán señalar el "dies a quo" para su cómputo desde la celebración de la transmisión, desde su toma de conocimiento, desde la inscripción en el Registro...[166]. Incluso, como

---

164 Así, SSTS 16 febrero 1973 y 3 marzo 1995, RDGRN 4 enero 1927, ARANDA RODRÍGUEZ, R.: *loc. cit.*, pp. 890 a 893, GONZÁLEZ PACANOWSKA, I.: *op. cit.*, p. 338, CAMPO VILLEGAS, E.: *loc. cit.*, pp. 234 y ss, GARCÍA-AMIGO, M.: *loc. cit.*, p. 124, BOSCH CAPDEVILA, E.: *Opción... cit.*, 2004, y ARECHEDERRA ARANZADI, L. I.: "Tanteo..." *cit.*, pp. 32 y ss; no obstante, RUBIO TORRANO, E.: *loc. cit.*, pp. 799 y ss, en su comentario a la STS 3 marzo 1995, considera la resolución errónea porque confunde a su juicio la exigencia de la fijación del plazo como elemento esencial del retracto y la exigencia de la fijación del plazo para acceder al Registro.

165 En este sentido, MEDINA SÁNCHEZ, R.: *op. cit.*, pp. 722 y ss. En el negocio abordado por la STS 17 noviembre 1931, el plazo de ejercicio en él establecido era de 60 días, mientras que en los supuestos resueltos por la STS 13 diciembre 1958 y la RDGRN 20 septiembre 1966, el plazo era de un mes, que ya había transcurrido según la STS 19 noviembre 1993 en el supuesto abordado por ella.

166 Como señalan MEDINA SÁNCHEZ, R.: *op. cit.*, pp. 722 y ss, y ARECHEDERRA ARANZADI, L. I.: "Tanteo..." *cit.*, pp. 32 y ss, para quien una vez producida la enajenación o notificada la intención de enajenar es ejercitable la preferencia adquisitiva ya nacida, prueba de la

se ha señalado, la STS 13 mayo 2009 de forma flexible permite, a falta de un específico plazo convencional, la determinación indirecta de un plazo de ejercicio[167] por referencia al plazo mismo de duración del derecho, supuesto en el que se produce una coincidencia entre ambos similar a lo que ocurre en los derechos de adquisición no preferente como la opción y el retracto convencional[168].

Sin duda, ante la falta de normativa reguladora de la materia la principal cuestión a resolver en relación con el plazo de ejercicio del retracto voluntario es la relativa a la respuesta que ha de darse al supuesto en que las partes no han previsto uno específico –de forma directa o indirecta– en el negocio constitutivo[169]: ¿dicha insuficiencia da lugar a la carencia de eficacia real del derecho? O, por el contrario, ¿puede salvarse dicha omisión aplicando de forma analógica el plazo de alguno de los retractos legales u otras figuras convencionales? En caso de ser así, ¿de cuál?

En relación con esta segunda opción ha de rechazarse, en primer lugar, la aplicación analógica del plazo supletorio de cuatro años establecido para el retracto convencional por el art 1508 CC, habida cuenta de la inexistencia de iden-

---

notificación de la venta exigida en la cláusula litigiosa que no se produjo en el supuesto resuelto por la STS 24 octubre 1990 por lo que desestimó la caducidad de la acción de retracto.

167 De caducidad, lo que obedece según ARECHEDERRA ARANZADI, L. I.: "Tanteo…" *cit.*, pp. 32 y ss, y ARANDA RODRÍGUEZ, R.: *loc. cit.*, pp. 890 a 893, a la intervención de una razón de orden público.

168 *Supra*. V.3. En el caso, seis meses tras la extinción del contrato de arrendamiento en el que se insertaba, computados desde la fecha del preaviso de resolución contractual, plazo dentro del cual fue ejercitado el derecho. Por el contrario, recuérdese que la SAP Madrid 26 febrero 2004 casada desestimó la demanda del retrayente, por estimar –entre otras razones– que el derecho no se encontraba sujeto a plazo alguno.

169 Problema inexistente en los Derechos navarro y catalán ante la expresa y minuciosa prevención de plazos supletorios en caso de ausencia de regulación convencional: así, conforme a la ley 462, último párrafo CDFN "*a falta de determinación de plazo para el ejercicio del tanteo o retracto, se entenderá que caducan a los treinta días contados desde el siguiente al de la notificación o, en su caso, al del conocimiento de la enajenación*". Por su parte, el art. 568-14.4 CCCat establece en caso de retracto desconectado, por remisión del art. 568-14.5, un plazo de caducidad de dos meses (hay que entender que a contar desde el día siguiente al día en que se notifica la transmisión y sus condiciones, porque no son aplicables las previsiones contenidas para el tanteo en este punto); a su vez, el art. 568-15.2 establece para el supuesto de c*onversión del tanteo en retracto, un plazo de tres meses, contados desde la fecha en que se inscribe en el Registro de la Propiedad o en que se tiene conocimiento de la enajenación.*

Finalmente, de manera igualmente previsora, el art. 3113-5 PCC se remite a lo establecido en este punto por el art. 3112-5 para el retracto legal que dispone en su nº 2 "*salvo que la ley establezca un plazo diferente, la facultad de ejercer el derecho de adquisición preferente caduca a los treinta días contados*: a) *desde la notificación fehaciente de la enajenación proyectada para el ejercicio del derecho de tanteo.* b) *desde la notificación fehaciente de la existencia y condiciones de la enajenación efectuada para el ejercicio del derecho de retracto.* 3. *En todo caso el derecho de adquisición preferente caduca transcurrido un año desde la inscripción de la enajenación*". Añade el nº 1 que "*el titular del derecho de adquisición preferente puede ejercerlo desde que tiene conocimiento de las condiciones de la transmisión proyectada o efectuada*".

tidad de razón con este derecho de adquisición (no preferente, recuérdese)[170], y por el art. 14 RH, para la opción de compra (en este caso, además por tratarse de un plazo máximo y de una norma registral). *Vid. Supra.* V.3.

Con respecto a la aplicación de los plazos de los retractos concedidos por las diferentes leyes, el inconveniente primordial se halla en su diversidad, circunstancia que obligaría a indagar con cuál de aquéllos presenta una mayor afinidad el retracto voluntario en cuestión, sin que pueda considerarse de aplicación generalizada el de nueve días consagrado en el art. 1524 CC, que, aunque referido al retracto legal, resulta aplicable exclusivamente a los retractos de comuneros y colindantes, y es muy desigual a los fijados incluso por el propio Código Civil para otros retractos (señaladamente el del art. 1639 para el retracto enfitéutico en caso de burla del tanteo)[171].

Así, la exclusión del carácter real de un retracto voluntario carente de plazo de ejercicio y la concesión al mismo de una eficacia meramente personal *inter partes* parece la solución más –aunque no totalmente– satisfactoria atendiendo a los anteriores intereses en juego, singularmente los atinentes a la seguridad jurídica, como hizo la STS 3 marzo 1995, que consideró en consecuencia la exigencia de la fijación del plazo como un elemento esencial del retracto[172].

d) Fijación del precio

En contraste, como se indicó (*supra.* II.2), con la exigencia de su determinabilidad en los derechos de adquisición voluntaria (no preferente) como la opción de compra o el retracto convencional –en los que además la intervención de un tercero respecto de la adquisición presenta un mero carácter accidental– o las figuras mixtas de tanteo/retracto y opción[173], el retracto voluntario es

---

[170] En idénticos términos, ARANDA RODRÍGUEZ, R.: *loc. cit.*, pp. 894 a 896, RUBIO TORRANO, E.: *loc. cit.*, pp. 799 y ss, y O'CALLAGHAN, X.: *op. cit.*

[171] De igual forma, ARANDA RODRÍGUEZ, R.: *loc. cit.*, pp. 894 a 896, y RUBIO TORRANO, E.: *loc. cit.*, pp. 799 y ss, rechazan, por forzada, la aplicación del art. 1524 CC. En contra, estiman que ha de aplicarse éste, O'CALLAGHAN, X.: *op. cit.* (pues a su juicio se da analogía *legis*), y MEDINA SÁNCHEZ, R.: *op. cit.*, pp. 722 y ss, mientras que DÍEZ SOTO, C. M.: "Comentario…" *cit.*, pp. 10671-10676, cree que debe acudirse a los diferentes plazos de las figuras legales por analogía –9 días, los de la enfiteusis…–, con atención al retracto en cuestión como hizo la STS 7 mayo 1927 con el establecido por el art. 1638 CC para el retracto enfitéutico.

[172] En el mismo sentido, ARANDA RODRÍGUEZ, R.: *loc. cit.*, pp. 894 a 896, y RUBIO TORRANO, E.: *loc. cit.*, pp. 799 y ss, para quien la imprevisión del plazo de ejercicio del derecho significa un obstáculo a su carácter real, considerando acertada, a nuestro juicio correctamente, la solución del Derecho navarro.

[173] En ellos, las partes tienen plena libertad para determinar la contraprestación a pagar en el momento de ejercicio, como señala GARCÍA-AMIGO, M.: *loc. cit.*, p. 124, pudiendo además el título constitutivo remitirse válidamente a tal efecto a la decisión de un tercero (*ex* art. 1447 CC) en caso de falta de acuerdo de las partes en el momento de ejercicio, como ocurrió en el supuesto

un derecho de adquisición preferente en el que el precio a satisfacer[174] viene determinado al tiempo de su ejercicio por el retrayente y por relación al pagado por el adquirente –al igual que acontece con el ofrecido en el caso del tanteo–, por lo que no tiene con carácter general en él condición de requisito de válida constitución o eficacia en el momento de su constitución la fijación de aquél: no puede haber retracto (ni tanteo) si el precio se fija de antemano, el titular no puede imponer al adquirente del bien la transmisión por un precio distinto al pagado ni dejarle en peor situación de la que estaba sin posibilidad de recuperar la diferencia frente al transmitente[175].

Así, la RDGRN 19 febrero 2002 declara categóricamente que no concurre defecto insubsanable (para la inscripción registral en este caso) del retracto voluntario por falta de determinación del precio, mientras que la RDGRN de 4 enero 1927 negó la inscripción de un derecho en el que el precio de ejercicio era fijado de antemano de una vez para siempre (aunque referida a un tanteo convencional, su solución es plenamente válida para el retracto).

Únicamente, en caso de que las partes hayan dispuesto que el retracto se extiende a transmisiones a título gratuito o a título oneroso (*v. gr.* permuta) en las que no intervenga precio, revestirá la fijación de éste la condición de requisito esencial de validez del retracto en el momento de su constitución.

Se plantea entonces un problema de valoración del bien a efectos del ulterior ejercicio del derecho por su titular (*ex* art. 1445 CC) que habrá de solventar el negocio constitutivo a través de una de estas dos vías[176]:

- bien mediante el establecimiento en el propio título de un sistema, fórmula, procedimiento o criterios que hagan posible la inmediata precisión del precio de ejercicio ("*referencia a otra cosa cierta*", art. 1447 CC), sin acudir a un nuevo convenio (art. 1273 CC) y sin que tal laguna pueda ser suplida por los tribunales, ni dejarse el señalamiento del precio al

---

resuelto por la STS 25 junio 2010; asimismo, la STS 3 abril 1981 alteró en el momento de ejercicio del derecho mediante la consiguiente actualización la cuantía pactada inicialmente, por considerarla ridícula debido al tiempo transcurrido desde la constitución del derecho.

174 Tampoco ostenta carácter esencial en cuanto a la validez del derecho, una vez que se admite su constitución gratuita, el precio o prima (diferente al precio de ejercicio) pactado para la concesión del derecho en caso de constitución a título oneroso, aunque el art. 568-6.c) CCCat exija en este caso su constancia como contenido mínimo del título constitutivo así como "*la forma en que se ha satisfecho*", previsión completada por lo dispuesto en el art. 568-5.2 (regla pensada para la opción), conforme al cual la prima se imputa al precio de adquisición sólo si así se estipuló expresamente. *Cfr.* art. 3113-1.2.c) PCC.

175 En este sentido, GONZÁLEZ PACANOWSKA, I.: *op. cit.*, pp. 337 a 340.

176 Recuérdese que los arts. 3112-2.3 y 3112-6.1 PCC (por remisión del art. 3113-5) salvan tal dificultad fijando en el valor de mercado del bien el precio a abonar por el retrayente cuando la transmisión se produce mediante un negocio a título gratuito o a título oneroso en el que no existe precio propiamente dicho o mediante dación en pago.

arbitrio de uno de los contratantes, por prohibirlo así el art. 1449 CC (STS 25 mayo 2006 –*RJ* 2006/3120–);

- bien remitiendo dicha fijación a la decisión de terceras personas en el momento de la transmisión[177], de acuerdo con lo dispuesto en el art. 1447 CC, quedando ineficaz el contrato si aquéllas no pudieren o no quisieren señalarlo.

De otra parte, similares problemas relacionados con la determinación del precio a abonar por el retrayente se producirán con carácter sobrevenido igualmente en los supuestos ya analizados de disparidad entre el objeto del derecho y el de la enajenación (*supra*. V.4.a), que impedirán la eficacia del retracto voluntario frente al adquirente por aplicación, asimismo, de las reglas contenidas en los citados arts. 1273, 1445, 1447 y 1449 CC, salvo que constasen en el propio título constitutivo los criterios de fijación señalados en los párrafos anteriores, como decidió la STS 13 mayo 2009[178].

Esta resolución no desestimó, como se recordará, la demanda de retracto interpuesta (Fundamento de Derecho 6º) por la divergencia entre el objeto vendido (edificio) y el objeto del derecho (local arrendado); por el contrario, la causa de inviabilidad de la acción de condena al otorgamiento de escritura pública por el tercero adquirente se debió a la imposibilidad jurídica de la subrogación, al equivaler ésta a una compraventa que exige un precio cierto en dinero o signo que lo represente, determinado, o determinable con arreglo a criterios válidos que permitan su precisión, sin que la falta de certeza pueda ser suplida por los Tribunales, ni quepa su fijación unilateral: como quiera que el precio del local, único objeto del derecho de adquisición, no se determinó en el título constitutivo –a pesar de ser físicamente factible– consideró el Alto Tribunal imposible la subsanación pericial o judicial de tal deficiencia en ejecución de sentencia[179].

---

177 Así, RDGRN 20 septiembre 1966, y CAMPO VILLEGAS, E.: *loc. cit.*, pp. 234 y ss.

178 Al no existir una previsión como la del art. 568-3 CCCat, que establece como requisito constitutivo del derecho en caso de que éste recaiga sobre varios bienes, la indicación de un precio individual que haga posible el ejercicio de los derechos por separado. En caso de que recaiga sobre partes determinadas de un inmueble o su edificabilidad añade el nº 4 que el precio se fijará teniendo en cuenta la medida superficial u otros parámetros o módulos determinados.

179 En el mismo sentido, RIVERA SABATÉS, V.: *op. cit.*, pp. 10 y ss.

VI. INCIDENCIA DE LA PUBLICIDAD REGISTRAL

Una vez que no existe en el Derecho común precepto sustantivo o hipotecario alguno que disponga como requisito constitutivo de validez –y consecuentemente de eficacia *erga omnes*– la inscripción de las preferencias convencionales en los registros públicos instituidos por el legislador para dotar de publicidad oficial a las titularidades reales sobre bienes y derechos, nuestro trabajo debe concluir con el análisis de la influencia de la constancia tanto del retracto voluntario como de la adquisición por el tercero –especialmente de esta última, como veremos– en cualquiera de dichos registros y, en su caso, de la eventual alteración parcial como consecuencia de ella de la solución primaria de eficacia *erga omnes*.

La inscripción en el Registro de la Propiedad –en el que se plasman con una mayor perfección los principios del Derecho registral– del derecho o de la adquisición, dará lugar, cuando el supuesto conflictivo verse sobre un retracto inmobiliario, a que operen con plenitud los efectos de la publicidad registral, partiendo del principio de exactitud, que presume *iuris tantum* la veracidad del contenido de los asientos registrales de acuerdo con el art. 38, párrafo 1º LH (en el mismo sentido, el art. 1, párrafo 3º), conforme al cual "*a todos los efectos legales se presumirá que los derechos reales inscritos en el Registro existen y pertenecen a su titular en la forma determinada por el asiento respectivo*".

La publicidad registral dota, entre otros, al título inscrito de los efectos derivados de los principios de fe pública registral, legalidad (art. 18 LH), legitimación (art. 38 LH), tracto sucesivo (art. 20 LH), y faculta al titular para el ejercicio de las acciones registrales con base en el art. 41 LH si los bienes se encuentran en posesión de terceros ajenos a la relación jurídica con una posible perturbación del derecho inscrito.

Así, dos son los preceptos de la Ley Hipotecaria relevantes para completar una íntegra solución al problema de la preeminencia entre el titular del retracto y el adquirente que nos ocupa[180], por ofrecer ambos solución al conflicto planteado entre un tercero que haya inscrito su adquisición de la propiedad y el titular de un derecho real limitado anterior, inscrito (en los dos preceptos) o no (en el primero de ellos).

De un lado, el art. 34 LH que, como manifestación emanada de la presunción de exactitud, consagra la fe pública registral amparadora del tercero adquirente "*que de buena fe adquiera a título oneroso algún derecho de persona que en el Registro aparezca con facultades para transmitirlo*", quien "*será mantenido en su adquisición, una vez que haya inscrito su derecho, aunque después se anule o resuelva el del otorgante por virtud de causas que no consten en el mismo Registro*".

De otro, el art. 32 LH, dirigido igualmente a la protección de los terceros, que dispone la (in)oponibilidad frente a éstos de los derechos (no) inscritos, al establecer que "*los títulos de dominio o de otros derechos reales sobre bienes inmuebles, que no estén debidamente inscritos o anotados en el Registro de la Propiedad, no perjudican a tercero*", quien, a pesar del silencio que guarda el precepto, habrá de inscribir su adquisición y ostentar la condición de buena fe conforme han interpretado unánimemente doctrina y jurisprudencia (de acuerdo con la exigencia del art. 34 LH)[181]. *Vid.*, en este sentido, la STS 13 mayo 2009.

Sin embargo y a pesar de que, como muestran jurisprudencia y doctrina de la DGRN, en la práctica el supuesto más habitual es aquel en el que el retracto recae sobre un bien inmueble o parte de éste, coexisten otros registros –regulados por lo demás en variadas normativas– a los que el derecho de retracto voluntario puede acceder por razón de su diverso objeto[182].

Se hace por ello necesario analizar con carácter preliminar si la inscripción en ellos produce los efectos reconocidos a la practicada en el Registro de la Propiedad, a fin de delimitar si es posible la obtención de una repuesta homogénea con independencia del objeto del retracto o si, por el contrario, ha de articularse dependiendo de cuál sea el registro al cual pueda tener acceso aquél.

---

[180] En el mismo sentido, GONZÁLEZ PACANOWSKA, I.: *op. cit.*, pp. 337 a 340.

[181] *Vid.*, por todos, MORALEJO IMBERNÓN, N.: "El Registro de la Propiedad inmobiliaria", en BERCOVITZ RODRÍGUEZ-CANO, R. (coord.): *Manual... cit.*, p. 146.

[182] Como reconoce la ley 460 CDFN, que admite expresamente en consecuencia la inscripción (no constitutiva) de las preferencias convencionales no sólo en el Registro de la Propiedad, sino también en el resto de "*registros que correspondan en razón de su objeto*" sin mayor especificación. Más restrictivo se muestra en el Derecho catalán el art. 568-2.1 CCCat que exige la inscripción registral para otorgar, en este caso sí, carácter real a los derechos de adquisición voluntaria únicamente en caso de que éstos recaigan sobre bienes inmuebles. Difiere de lo dispuesto por el art. 20 de la derogada Ley 22/2001 que establecía tal exigencia de inscripción "*en el correspondiente registro*" sin distinción, previsión que fue criticada por DÍEZ SOTO, C. M.: "Notas..." *cit.*, pp. 1721 a 1725, en la consideración de los problemas e incertidumbres que generaba en relación con los diferentes registros mobiliarios, de menor perfección que el Registro de la Propiedad.

Escasas dudas se plantean, en primer lugar, en relación con la inscripción de los distintos derechos de propiedad industrial en los diversos registros llevados por la Oficina Española de Patentes y Marcas (OEPM) adscrita al Ministerio de Industria, Comercio y Turismo –la cual, no puede obviarse, posee carácter constitutivo de los mismos, conforme a los arts. 2.1 LMa, 2 LDI, 2.3 LPat y 4.1 LTPS, frente a lo que acontece con los derechos de autor (art. 1 TRLPI)–.

Las leyes reguladoras de los mismos reproducen con términos casi coincidentes entre ellas el principio cristalizado en el art. 32 LH, si bien mediante una formulación positiva del mismo y con el explícito requisito de la buena fe del tercero, como plasmación legal de la exigencia doctrinal y jurisprudencial integradora de la omisión del precepto hipotecario anteriormente indicada.

Así, el art. 46.3 LMa establece que los actos jurídicos de transmisión, constitución de garantías u otros derechos reales, licencias, opciones de compra, embargos u otras medidas que resulten del procedimiento de ejecución sobre el derecho de marca y su solicitud "*sólo podrán oponerse frente a terceros de buena fe una vez inscritos en el Registro de Marcas*".

En idénticos términos se pronuncia, en relación con el Registro de Diseños, el art. 59.2 LDI para dichos actos *inter vivos* sobre el diseño industrial y su solicitud.

Finalmente, conforme al art. 79.2 LPat "*la transmisión, las licencias y cualesquiera otros actos o negocios jurídicos, tanto voluntarios como necesarios, que afecten a las solicitudes de patentes o a las patentes ya concedidas, sólo surtirán efectos frente a terceros de buena fe desde que hubieren sido inscritos en el Registro de Patentes*" (regla extensible a los modelos de utilidad de acuerdo con el art. 150). *Vid.*, asimismo, el art. 4.3 LTPS[183].

Respecto de ellos, la STS 10 diciembre 2013 (*RJ* 2013/8403) declara de forma elocuente en su FD 3° la equiparación de lo dispuesto por el art. 46.3 LMa para el Registro de la marca, con lo establecido en los arts. 32 LH, 79.2 de la Ley 11/1986, de 20 de marzo (del cual es reproducción literal la norma de la vigente LPat) y 59.2 LDI, como un efecto sustantivo del "hecho de que un título registrable no hubiera sido registrado" para dar preferencia en los supuestos

[183] El carácter abierto de la enumeración de derechos inscribibles contenida en los arts. 59.2 LDI y 79.2 LPat, junto con la expresa posibilidad de inscripción de la opción de compra y otros derechos reales disipan, a nuestro juicio, la incertidumbre que podía plantearse acerca de la inscribibilidad en el Registro de Marcas del retracto voluntario como consecuencia de la redacción del art. 46.2 LMa, que no prevé expresamente entre los derechos inscribibles los derechos de tanteo y retracto. Sobre las dudas relativas a los derechos inscribibles en el Registro de Marcas, *vid.* GONZÁLEZ BUENO, C.: *op. cit.*, p. 468, y LOBATO, M.: *op. cit.*, p. 731.

de conflicto entre dos títulos incompatibles al que se inscriba, y que en último término persigue el estímulo de la inscripción[184].

Más controvertida es su expansión al Registro de Bienes Muebles creado por la DA única del RD 1828/1999[185] a partir de los precedentes Registros de Ventas a Plazos de Bienes Muebles (regulado por la Ordenanza aprobada por Orden de 19 de julio de 1999) y de Hipoteca Mobiliaria y Prenda sin Desplazamiento (regulado por el Reglamento aprobado por Decreto de 17 de junio de 1955).

Las dudas surgen principalmente por el carácter reglamentario de la norma que lo instituye, su origen en la fusión de sendos Registros de gravámenes (y no de titularidades) como eran estos últimos, así como por las dificultades prácticas para la aplicación de los principios registrales inmobiliarios derivadas de la heterogeneidad de los bienes objeto de registro y su esencial movilidad[186].

---

[184] En la doctrina, entre otros, BERCOVITZ RODRÍGUEZ-CANO, A.: "Comentario al art. 1", en BERCOVITZ RODRÍGUEZ.CANO, A. y GARCÍA-CRUCES GONZÁLEZ, J. A. (dirs.): *Comentarios a la Ley de Marcas*, Tomo I, 2ª ed., Aranzadi, Pamplona, 2008, p. 103, y CASADO CERVIÑO, A.: "Principales principios inspiradores del moderno Derecho español de marcas", en *La Ley: Revista jurídica española de doctrina, jurisprudencia y bibliografía*, nº 2, 2004, pp. 1843 y ss, indican que las normas contenidas en los apartados 3 a 6 del art. 46 LMa aplican al Registro de Marcas los principios registrales generales de la legislación hipotecaria. Por su parte, GONZÁLEZ BUENO, C.: *op. cit.*, p..470, considera que el Registro ha pasado a una oponibilidad próxima a la del art. 32 LH, mientras que para LOBATO, M.: *op. cit.*, pp. 744-745, se basa en el sistema registral de tipo francés.

[185] La cual lo estructura en seis secciones, de las cuales la 6ª ("del Registro de Condiciones Generales de la Contratación"), es absolutamente ajena al resto, tanto por su objeto como por su fundamento, ya que no se trata de un registro jurídico de bienes y derechos, sino de un mero registro de cláusulas que produce ciertos efectos jurídicos. Así, el Registro propiamente dicho se organiza objetivamente en cinco secciones: 1.ª Sección de Buques y Aeronaves. 2.ª Sección de Automóviles y otros Vehículos de Motor. 3.ª Sección de Maquinaria industrial, establecimientos mercantiles y bienes de equipo. 4.ª Sección de otras Garantías reales. 5.ª Sección de otros bienes muebles registrables.

En este punto, la DT de la Orden de 19 de julio de 1999, que ya preveía la integración del Registro de Venta a Plazos en el nuevo Registro con la estructura finalmente adoptada, especificaba que a la Sección 4ª accederían las "Garantías reales sobre Derechos de Propiedad Intelectual e Industrial", previsión concordante con lo dispuesto, respectivamente, en los arts. 46.2 LMa, 59.1 LDI y 82.1 LPat para la hipoteca mobiliaria sobre marca, diseño industrial o patente, que disponen su inscripción en aquélla, con obligación de notificación de la misma a la OEPM para su anotación en los Registros llevados por ésta.

[186] Muestran su rechazo o escepticismo en este sentido, entre otros, CARRASCO PERERA, A.: "Es posible o necesaria la inscripción en el Registro de Bienes Muebles para la constitución de prendas sobre acciones y participaciones sociales? Comentario a dos resoluciones de la DGRN", en *Aranzadi Civil*, nº 1, 2003, pp. 2055 y ss, PAU PEDRÓN, A.: "El nuevo régimen de la publicidad mobiliaria", en *Anales de la Real Academia de Jurisprudencia y Legislación*, nº 32, 2002, pp. 534 y ss, o LÓPEZ MARTÍNEZ, M.: "Sobre la posibilidad de inscribir las cargas sobre acciones y participaciones en el Registro de Bienes Muebles (Comentarios a las Resoluciones de la Dirección General de los Registros y del Notariado de 12 de julio de 2002 y 29 de enero de 2003), en *Actualidad Civil*, nº 37, 2003, pp. 1024 y ss. Por nuestra parte, ya expresamos tales dudas en "El Registro de

Ha de reconocerse, no obstante, que el nº 2 de la DA única del RD 1828/1999 configura el Registro "*como un Registro de titularidades y gravámenes sobre bienes muebles*", y que su nº 6 efectúa una remisión como normativa supletoria –junto a lo dispuesto en el Reglamento Hipotecario– a la Ordenanza de 19 de julio de 1999, cuyos arts. 28 y 29 son una reproducción casi literal correlativamente de los arts. 32 y 34 LH, y al Reglamento del Registro Mercantil aprobado por RD 1784/1996, de 19 de julio (RRM), cuyo art. 7 enuncia en términos análogos la presunción de exactitud contenida en el art. 38, párrafo 1º LH (como hace el art. 24 de la anterior Ordenanza), mientras que sus arts. 8, párrafo 1º y 9.1, respectivamente, consagran los principios de fe pública y oponibilidad[187].

Y en este sentido, la doctrina de la DGRN se ha mostrado en todo momento partidaria de conformar un registro con el objeto más extenso al que son de aplicación los principios propios del Derecho inmobiliario registral, como pone de manifiesto, entre otras muchas[188], la RDGRN 27 abril 2017 (*RJ* 2017/1890), que declara explícitamente que "la presunción de titularidad y pertenencia de un bien mueble registrable, en el ámbito jurídico sustantivo, la determina el Registro de Bienes Muebles. Así lo confirma la consagración legal del principio de legitimación registral en el ámbito del citado Registro, con su corolario de presunción, a todos los efectos legales, de pertenencia del bien a favor del titular inscrito".

En consecuencia, una vez incluidos los supuestos de retracto voluntario sobre bienes inscribibles en el Registro de Bienes Muebles[189] dentro de una solución común a la cuestión con abstracción del objeto sobre el que recae el derecho, procede su exposición estructurándola a través de las diferentes combinaciones potenciales en atención a la concurrencia en cada una de ellas

---

Bienes Muebles: bienes y derechos inscribibles según la doctrina de la Dirección General de los Registros y del Notariado", en *Revista de Derecho Privado*, nº 1, 2004, pp. 81 y ss.

[187] Art. 8, párrafo 1º: "*La declaración de inexactitud o nulidad de los asientos del Registro Mercantil no perjudicará los derechos de terceros de buena fe adquiridos conforme a Derecho*".

Art. 9.1: "*Los actos sujetos a inscripción sólo serán oponibles a terceros de buena fe desde su publicación en el 'Boletín Oficial del Registro Mercantil'. Quedan a salvo los efectos propios de la inscripción*".

Tanto el art. 7 RRM como los anteriores preceptos, contienen una transcripción exacta de los arts. 20 y 21 del Código de Comercio.

[188] *Vid.* las RRDGRN 24 enero 2005 (*RJ* 2005/1796) y 15 octubre 2013 (*RJ* 2013/7849). *Cfr.* en la doctrina de las Audiencias Provinciales, las SSAAPP Asturias 19 diciembre 2006 (*JUR* 2007/38045) y Alicante 3 junio 2019 (*JUR* 2020/66942). En la doctrina científica se muestran partidarios de considerar el Registro de Bienes Muebles como un verdadero Registro de la Propiedad mobiliaria, GARCÍA SOLÉ, F. y GÓMEZ GÁLLIGO, F. J.: *Derecho de los bienes muebles. Financiación y garantías en la contratación mobiliaria,* 2ª ed., Marcial Pons, Madrid, 2020, pp. 137 y ss.

[189] Recuérdese al respecto que el art. 3111-3.2.b) PCC en su última redacción impone explícitamente como exigencia constitutiva de la naturaleza real de las preferencias convencionales mobiliarias su inscripción "*en el Registro de Bienes Muebles*".

de los requisitos –singularmente la inscripción registral y la buena fe del adquirente– exigidos por los preceptos referidos.

De esta forma cabe distinguir las siguientes hipótesis:

- El retracto voluntario se encuentra inscrito en el Registro.
- El retracto voluntario no se halla inscrito en el Registro y sí la adquisición. Puede diferenciarse en este caso a su vez entre los supuestos de:
  - Adquirente de buena fe.
  - Adquirente de mala fe.

Por el contrario, diferente ha de ser el tratamiento a la inscripción del retracto sobre los (o alguno/s de los) derechos de explotación integrantes de la propiedad intelectual (y/o la transmisión de los mismos), en el Registro de la Propiedad Intelectual previsto por el art. 144 TRLPI y dependiente del Ministerio de Cultura y Deporte (art. 1.2 del Reglamento del Registro General de la Propiedad Intelectual aprobado por Real Decreto 281/2003, de 7 de marzo –RRGPI–).

Al respecto, y más allá de las dudas acerca del carácter jurídico del Registro[190], debe tenerse en cuenta que los arts. 145.3 TRLPI y 27.1 RRGPI se limitan, en relación con ella, a disponer de forma análoga al art. 38, párrafo 1º LH que "*se presumirá, salvo prueba en contrario, que los derechos inscritos existen y pertenecen a su titular en la forma determinada en el asiento respectivo*", pero que no existe en ambos cuerpos precepto equivalente alguno a los arts. 32 y 34 LH.

Por esta razón no puede estimarse de aplicación la específica protección consagrada en ambos preceptos al adquirente del/de los derecho/s de explotación que, confiando en lo inscrito, a su vez inscribió en el Registro su adquisición, con la consiguiente restricción de sus efectos –y utilidad para el titular inscrito– (derivados de dicha presunción *iuris tantum*) a la publicidad y constitución de un medio de prueba cualificado de la existencia y legitimidad de los derechos inscritos. *Vid.* SSAAPP Sevilla 1 junio 2010 (*AC* 2010/1495), Pontevedra 10 marzo 2014 (*AC* 2014/1597), Madrid 6 junio 2016 (*AC* 2016/1209) y Málaga 12 julio 2017 (*AC* 2017/2013)[191].

---

[190] Ciertamente, como señala MORALEJO IMBERNÓN, N.: "El Registro de la Propiedad Intelectual" *cit.*, p. 15, habida cuenta de que el art. 145.1 TRLPI consagra el principio de legitimación registral en favor del titular inscrito, cabe considerarlo un Registro de carácter jurídico, y no meramente administrativo.

[191] Así, RAMS ALBESA, J.: "El Registro de la Propiedad Intelectual", en SERRANO GÓMEZ, E. (coord.): *El Registro de la Propiedad Intelectual*, Reus, Madrid, 2008, p. 38, GUIJO GÓMEZ, J. M.: "El Registro de la Propiedad Intelectual como instrumento de protección de los derechos de autor", en SERRANO GÓMEZ, E. (coord.): *El Registro de la Propiedad Intelectual*, Reus, Madrid,

De esta forma, las reglas que pasamos a exponer se ven alteradas parcialmente en relación con el retracto que tenga por objeto estos derechos.

1. EFICACIA DEL DERECHO INSCRITO

Como se ha indicado, si el retracto voluntario ingresa en el Registro se beneficiará de la publicidad registral y, en consecuencia, perjudicará al tercero adquirente[192] por aplicación del art. 32 LH –o de los arts. 46.3 LMa, 59.2 LDI, 79.2 LPat, 4.3 LTPS, y 8, párrafo 1º y 9.1 RRM y 28 y 29 Ordenanza de 19 de julio de 1999–.

A tal solución se llega igualmente por exclusión del juego de la fe pública consagrada en el art. 34 LH (ello si no se considera que ambas normas responden a una misma idea o se encuentran íntimamente entrelazadas), ante la inexistencia de una realidad extrarregistral frente a la que proteger al tercero adquirente, quien no podrá ser en consecuencia considerado adquirente de buena fe, siendo pues indiferente además el carácter oneroso o gratuito de la adquisición[193]; en este sentido, la STS 17 noviembre 1931 estimó de forma categórica en relación con la preferencia inscrita en el Registro de la Propiedad la mala fe del comprador (quien había sido además notificado por su titular)[194].

2008, p. 60, ORTEGA DOMÉNECH, J.: "Objeto, funciones y características del Registro de la Propiedad Intelectual", en SERRANO GÓMEZ, E. (coord.): *El Registro de la Propiedad Intelectual*, Reus, Madrid, 2008, p. 105, RAMS RAMOS, L.: "Aspectos administrativos en la evolución del Registro General de Propiedad Intelectual como mecanismo de protección", en *Revista Crítica de Derecho Inmobiliario*, nº 686, 2004, p. 2814, y MORALEJO IMBERNÓN, N.: "El Registro de la Propiedad Intelectual" *cit.*, pp. 61, 66, 72 y 73.

[192] De otra parte, el derecho tendrá a su favor la legitimación reconocida por el art. 38, párrafo 1º LH –y en concreto la acción del art. 41 LH– y la prioridad conforme a los arts. 17 LH, 46.4 LMa, 59.3 LDI, 79.5 LPat, 27.3 RRGPI y 10 RRM. Además, la inscripción determinará de forma lógica el rango entre diferentes derechos de adquisición voluntarios –como expresamente dispone el art. 3112-10.4 PCC–, aunque no operará en relación con ellos el correspondiente cierre registral como efecto característico del principio (RDGRN 4 enero 1927 y RDGSJFP 4 mayo 2022), así como tampoco respecto de la adquisición del tercero.

[193] Así, consideran incondicionalmente oponible el retracto inscrito, GONZÁLEZ PACANOWSKA, I.: *op. cit.*, pp. 337 a 340, RUBIO TORRANO, E.: *loc. cit.*, pp. 799 y ss, DÍEZ SOTO, C. M.: "Notas..." *cit.*, pp. 1711 y ss, TALMA CHARLES, J.: *El contrato...cit.*, pp. 315 y ss, y MEZQUITA DEL CACHO, J. L.: *loc. cit.*, pp. 258-260 y 263-264, si bien estos dos últimos en relación con el derecho de opción, circunstancia que sin embargo no impide que puedan extrapolarse sus afirmaciones a aquél.

[194] Ninguna especialidad se plantea en relación con el retracto sobre los derechos de explotación del autor inscrito en el Registro de la Propiedad Intelectual, que será oponible al adquirente de aquéllos y, además, se beneficiará a efectos probatorios de la presunción contenida en los arts. 145.3 TRLPI y 27.1 RRGPI. *Vid.* MORALEJO IMBERNÓN, N.: "El Registro de la Propiedad Intelectual" *cit.*, pp. 72 y 73.

2. EFICACIA DEL DERECHO NO INSCRITO ANTE UNA ADQUISICIÓN INSCRITA

a) Buena fe del adquirente

Cuando el tercero procedió a inscribir su adquisición, no habiéndolo hecho con anterioridad el titular del retracto, entran en juego las reglas de protección del tercero adquirente contenidas en los arts. 32 y 34 LH (en conexión con el art. 1473, párrafo 2º CC) y en las normas reguladoras del resto de Registros de bienes y derechos equivalentes (arts. 46.3 LMa, 59.2 LDI, 79.2 LPat, 4.3 LTPS, y 8, párrafo 1º y 9.1 RRM y 28 y 29 Ordenanza de 19 de julio de 1999), de manera que si se cumplen sus requisitos de aplicación, el retracto devendrá inoponible frente al adquirente (a semejanza de lo que acontece, por ejemplo, con las servidumbres voluntarias no aparentes)[195].

Para que prevalezca el derecho del adquirente por aplicación de dicha protección, junto a la inscripción registral de la adquisición, se requiere adicionalmente la buena fe de aquél, la cual no obstante se presume (arts. 34 LH, 9.4 RRM y 29 de la Ordenanza de 19 de julio de 1999)[196].

El concepto de buena fe no se corresponde, como advertimos (*supra*. IV.2), con el criterio ético consagrado en el art. 7.1 CC como límite al ejercicio de los derechos subjetivos, sino que viene determinada en este caso por el desconocimiento de la realidad extrarregistral[197], es decir, de la existencia del retracto anterior no inscrito, tal y como disponen los arts. 34 LH y 9.4 RRM en correlación con la interpretación del requisito de la buena fe exigido por el art. 1473 CC.

El desconocimiento del retracto por el adquirente generador de su buena fe no puede venir fundado únicamente en la consulta de los libros registrales, pues la anterior presunción se convertiría en *iuris et de iure*, ni en una mera

[195] Así, MONSERRAT VALERO, A.: *loc. cit.*, pp. 1131 1133, O'CALLAGHAN, X.: *op. cit.*, y DÍEZ-PICAZO, L.: "Autonomía..." *cit.*, pp. 296 a 301, razón por la que considera que el retracto no llega a ser un auténtico derecho real.

Idéntica solución será de aplicación en el Derecho navarro pues, a pesar de que la ley 460 CDFN admite expresamente la inscribibilidad del retracto, dicha previsión no altera las reglas del Derecho hipotecario. Por lo que se refiere al Derecho catalán, las normas de protección de los terceros adquirentes de buena fe –art. 522-8.1 CCCat– entrarán en juego únicamente con respecto al retracto sobre bienes inscribibles en Registros diferentes al de la Propiedad, no en relación con el inmobiliario al exigir el art. 568-2 su constitución registral.

[196] Si bien la inscripción no es requerida de forma explícita por los anteriores preceptos, salvo por los arts. 34 LH y 29 Ordenanza de 19 de julio de 1999, es exigida unánimemente como presupuesto de aplicación de la protección al tercero adquirente, como se indicó en relación con el art. 32 LH; lo mismo sucede con la buena fe a pesar del silencio de éste al respecto.

[197] En este sentido, MONSERRAT VALERO, A.: *loc. cit.*, pp. 1131-1133, y RUBIO TORRANO, E.: *loc. cit.*, pp. 799 y ss.

creencia subjetiva de aquél acerca de la inexistencia del retracto, sino que ha de basarse en la imposibilidad de conocimiento de éste empleando una diligencia objetiva media o estándar, por aplicación analógica de lo establecido en el art. 36.a) LH para la usucapión *contra tabulas* a punto de concluir, cuando excluye la protección del adquirente que "*tuvo medios racionales y motivos suficientes*" para conocerla.

La principal dificultad interpretativa que se plantea en relación con la inoponibilidad derivada de los anteriores preceptos es si su aplicación puede predicarse indistintamente para toda adquisición con independencia de su carácter gratuito u oneroso, o si, por el contrario, la protección frente al titular del retracto se dispensa exclusivamente al adquirente a título oneroso.

La incógnita se origina si se interpreta que el silencio del art. 32 LH[198] permite extender sin restricción la tutela por él ofrecida a todo tercero adquirente de buena fe del bien, por considerar que éste es distinto al tercero hipotecario protegido por el art. 34 LH[199] que expresamente excluye de su ámbito de protección a los adquirentes a título gratuito, quienes "*no gozarán de más protección registral que la que tuviere su causante o transferente*" (párrafo 3º)[200].

Ante tal disyuntiva parece preferible extender únicamente la protección de la normativa hipotecaria frente al retracto voluntario al adquirente a título oneroso del bien o derecho, habida cuenta de la débil consistencia de la causa gratuita frente a terceros (*cfr.* arts. 643, párrafo 2°, 1297, párrafo 1°, 1322 y 1378 CC), aunque ciertamente resulta un argumento poco concluyente[201].

---

198 Y de los arts. 46.3 LMa, 59.2 LDI, 79.2 LPat, 4.3 LTPS, y 8, párrafo 1º y 9.1 RRM y 28 de la Ordenanza de 19 de julio de 1999.

199 Y el art. 29 de la Ordenanza de 19 de julio de 1999.

200 La cuestión se encuadra dentro del debate más amplio acerca de la relación entre ambos preceptos (de hecho, es la que goza de mayor alcance práctico en él) como protectores del tercer adquirente que inscribe de buena fe su derecho: así, para los partidarios de la tesis monista representan dos caras de la fe pública registral, con amparo a un único tercero adquirente a título oneroso, mientras que para los seguidores del sistema dualista el art. 32 LH resuelve el conflicto entre dos titulares de derechos transmitidos por el mismo causante, con independencia de la inscripción de éste. Dicho análisis excede del objeto del presente trabajo (como puso de manifiesto la STS 13 mayo 2009), siendo suficiente a tal fin la referencia a los trabajos de, entre otros, ROCA-SASTRE, R. M., ROCA-SASTRE MUNCUNILL, L. y BERNÁ I XIRGO, J.: *Derecho Hipotecario*, III, Vol. 2º, 9ª ed., Bosch, Barcelona, 2008, pp. 27 y ss, PEÑA BERNALDO DE QUIRÓS, M.: *Derechos reales. Derecho Hipotecario*, Tomo II, 4ª ed., Centro de Estudios Registrales, Madrid, 2001, pp. 610 y ss (partidarios de la tesis monista), NÚÑEZ LAGOS, R.: "Tercero y fraude en el Registro de la Propiedad", en *Revista General de Legislación y Jurisprudencia*, Tomo XIX, 1950, pp. 563 y ss, GARCÍA GARCÍA, J. M.: *op. cit.*, pp. 91 y ss (partidarios del sistema dualista), o AMORÓS GUARDIOLA, M.: *La teoría de la publicidad registral y su evolución*, Real Academia de Jurisprudencia y Legislación, Madrid, 1998.

201 MEDINA SÁNCHEZ, R.: *op. cit.*, pp. 542 y ss, y MONSERRAT VALERO, A.: *loc. cit.*, pp. 1131-1133, consideran que el titular del retracto sobre un inmueble no podrá hacerlo valer frente a terceros adquirentes de buena fe si su adquisición fue a título oneroso. Idénticas consideraciones

En este sentido, la STS 12 noviembre 1963 declaró *ex abundantia* que no puede afectar el derecho objeto del pleito que no se hizo constar en el Registro de la Propiedad al tercero que de buena fe adquirió cumpliendo con los requisitos del art. 34 LH, fe pública que considera sólo cabría negar destruyendo la presunción de buena fe contenida en el precepto, circunstancia que no aconteció en el caso[202]; mientras, la SAP Burgos 22 junio 2016 desestimó la demanda de ejercicio de una preferencia adquisitiva que nunca fue inscrita en el Registro de la Propiedad con base en que el adquirente era un tercero de buena fe amparado por el art. 34 LH, si bien la razón principal para dicha desestimación fue que aquélla no englobaba la transmisión efectuada.

Ha de reconocerse, no obstante, que el interés de la misma es muy limitado, por cuanto el retracto es un derecho naturalmente ejercitable ante enajenaciones a título oneroso, y su aplicación a las transmisiones a título gratuito muy excepcional por no decir nula (*supra.* V.4.b).

En caso de inscripción de la adquisición de los derechos de explotación integrantes de la propiedad intelectual, el retracto previo no inscrito sobre los mismos será oponible al adquirente aun cuando éste sea de buena fe, por inaplicación de la fe pública registral y la inoponibilidad de los derechos no inscritos, con independencia de la buena o mala fe del adquirente; no obstante, opera a su favor la presunción de existencia y titularidad de los arts. 145.3 TRLPI y 27.1 RRGPI, y el correspondiente cierre registral previsto en el nº 3 de éste, que impedirá el acceso del retracto al Registro[203].

b) Mala fe del adquirente

El retracto aun no inscrito perjudicará al adquirente a título oneroso del bien o derecho que inscriba su adquisición si éste es de mala fe, es decir, si conoce la existencia de aquél –o debiera estar al corriente de él procediendo con una diligencia media o estándar–[204].

---

realizan (referidas a la opción, aunque extensibles al retracto) MEZQUITA DEL CACHO, J. L.: *loc. cit.*, 258-260 y 263-264, y, con mayores dudas, TALMA CHARLES, J.: *El contrato...cit.*, pp. 315 y ss.

[202] A juicio de AMORÓS GUARDIOLA, M.: "Prohibición…" *cit.*, pp. 979-984, la resolución es correcta en este punto. Sin embargo, en alguna ocasión define confusamente la cláusula como una limitación de la facultad de disposición (con cita incluso del art. 27 LH), de forma innecesaria ya que aunque ciertamente oscura (pues alude a que la venta "no podrá realizarse sin consentimiento de la arrendataria") prevé una auténtica preferencia adquisitiva; más discutible es si nos hallamos ante un conjunto de tanteo y retracto –como correctamente afirma de forma concluyente la sentencia en otros pasajes– o simplemente ante un retracto.

[203] *Vid.* MORALEJO IMBERNÓN, N.: "El Registro de la Propiedad Intelectual" *cit.*, p. 73.

[204] Así, DÍEZ SOTO, C. M.: "Notas…" *cit.*, p. 1708 y ss, y "Comentario…" *cit.*, pp. 10671-10676.

Tal solución encuentra su fundamento en la falta de concurrencia en el adquirente del requisito de la buena fe exigido –expresamente o en su interpretación jurisprudencial– por los arts. 1473 CC, 32 y 34 LH y en las normas reguladoras de los Registros de propiedad intelectual, propiedad industrial y bienes muebles, y no en la concreta aplicación al retracto voluntario del conocimiento como regla cardinal universal para declarar la eficacia *erga omnes* de las preferencias convencionales, usual en los autores y la jurisprudencia[205].

Esta doctrina, utilizada particularmente para salvar a tal fin el carácter personal de la opción de compra y el tanteo, ha sido formulada como una excepción al principio de relatividad contractual consagrado en el art. 1257, párrafo 1º CC y a la regla *res inter alios acta* con diversas fundamentaciones, algunas discutibles y en general sin una específica base legal (sino con encaje en el principio general de buena fe), como la interpretación más colectiva y solidaria del principio de relatividad (a fin de proteger, por razones de equidad, sólo a los terceros que no han podido conocer las limitaciones que afectan al derecho adquirido), la interdicción de la mala fe de los terceros en el ejercicio de su derecho, o la prohibición del contrato en daño de tercero.

Dichas teorías, que con independencia de su corrección pueden ser válidas para proteger a los titulares los derechos de opción y tanteo convencionales no inscritos[206], son en cualquier caso inaplicables (o innecesarias en este propósito)

---

[205] Como acertadamente advierte BARBER CÁRCAMO, R.: *loc. cit*, pp. 1250 y ss, tiene sentido que el Registro de la Propiedad exija a quien pretende ampararse en él para gozar de una protección más allá del sistema gozar de buena fe, pero no que se convierta en un indebido criterio definidor de la eficacia propia de los derechos. Se muestra igualmente escéptico con tal doctrina, MARÍN LÓPEZ, J. J.: "Comentario..." *cit.*, pp. 405-408.

[206] Así lo considera AMAT LLARI, M. E.: *op. cit.*, pp. 1279 a 1281 y 1287 a 1289, en relación con el tanteo y la opción. DÍEZ SOTO, C. M.: "Notas..." *cit.*, pp. 1711 y ss, puntualiza que el conocimiento no se corresponde con su mala fe (que puede existir o no en el tercero que conoce), pues el derecho de adquisición no priva a su dueño de disponer del bien, y puede ocurrir que el tercero, aun conociéndolo, considere que el titular puede no ejercer el derecho, asumiendo el riesgo; por otro lado, distingue el autor entre las consecuencias del conocimiento (inoponibilidad de la adquisición del tercero al titular del derecho) y la mala fe (nulidad de la adquisición por ilicitud de su causa); en el mismo sentido, FELIÚ REY, M. I.: *op. cit.*, pp. 102 y ss, TALMA CHARLES, J.: *El contrato...cit.*, pp. 315 y ss, y MÁS BADÍA, M. D.: *loc. cit.*, p. 136, para quien ello es consecuencia del juego de la teoría general del contrato en un fenómeno paralelo, p. ej., al que puede acontecer con la ruptura de un pacto de exclusiva. La STS 16 febrero 1973 declara la oponibilidad al adquirente basándose en el conocimiento de éste, a lo que añade que el principio de relatividad no es de aplicación a los sucesores a título particular *inter vivos*. En el mismo sentido, la STS 24 octubre 1990, lo que es criticado –máxime cuando el propio Tribunal considera la opción como obligacional– por GAVIDIA SÁNCHEZ, J. V.: *loc. cit.*, pp. 1128 y ss, quien considera el derecho oponible por la mala fe del adquirente que conscientemente ha contribuido a lesionar el derecho.

En contra, se pronuncia de forma categórica la STS 16 diciembre 2004, para la cual "una cosa es que el contrato que dio vida a la preferencia sea oponible al tercero que lo conoce, otra que el contrato de compraventa se pueda calificar como dañoso para el titular del tanteo (y, por lo tanto, ser impugnado) y otra distinta que el adquirente deba soportar en su esfera jurídica la eficacia

para declarar la oponibilidad del retracto voluntario frente al tercero adquirente inscrito, por tratarse éste de un derecho sustancialmente distinto a aquéllos en cuanto a su estructura y funcionamiento, como hemos reiterado (*supra*. II.2).

Así, como quiera que el retracto es un derecho esencialmente ejercitable frente a un tercero, el adquirente del bien o derecho (algo que no sucede en el tanteo y la opción –en la que ni siquiera es presupuesto de su ejercicio la entrada en juego de un tercero–), no cabe por hipótesis concebir siquiera la concurrencia de mala fe en el adquirente y menos aún estimar la existencia de un contrato en daño de tercero (el titular del retracto) en la adquisición, que por el contrario es el presupuesto de ejercicio.

No se trata, en definitiva, de proteger a un titular frente a un transmitente que incumple sus obligaciones, incumplimiento aquí inexistente, sino simplemente de determinar, como decimos, la preferencia entre dos derechos de acuerdo con las reglas de la publicidad registral en este caso.

De esta manera, la STS 13 diciembre 1958, tras expresar su carácter real, declara los derechos de tanteo y retracto pactados oponibles al adquirente del inmueble, a pesar de que las cláusulas en que constaban no fueron inscritas en el Registro de la Propiedad, con base en el conocimiento de aquél y la consiguiente privación de la protección registral consagrada en los arts. 32 y 34 LH. En idénticos términos se pronuncia la STS 13 mayo 2009.

Por su parte, la STS 29 abril 2005 reitera que, aun no habiendo sido inscrito –siendo inscribible– el derecho ejercitado, su oponibilidad al adquirente deriva de su carácter *erga omnes* y, añade, de la condición de tercero no hipotecario de éste, por conocer fuera del Registro (el cual no es operable en este caso) la realidad del derecho[207].

La prueba del conocimiento del retracto por el adquirente, como acontece con la mala fe a efectos del art. 1473 CC (*supra*. IV.2), puede obtenerse por cualquier medio admitido en Derecho, como puede apreciarse en las reveladoras SSTS 13 febrero 1997 (si bien recaída sobre una opción no inscrita incorporada en un contrato de arrendamiento) y 13 mayo 2009.

La primera de ellas declara en su FD 1º que, a efectos del art. 34 LH, al adquirente "no le asiste condición blindada de tercero de buena fe", por

---

directa del primer contrato o, con otras palabras, la preferencia adquisitiva...cual si se tratase de un derecho real y no meramente de crédito" (FD 4º).

[207] Si bien referida a una opción (sus palabras serían válidas para el retracto), la STS 24 octubre 1990 declaró inaplicable el art. 34 LH a un tercero conocedor de la realidad extratabular (inaplicación con la que se muestra conforme GAVIDIA SÁNCHEZ, J. V.: *loc. cit.*, pp. 1128 y ss), aunque añade de forma discutible que la misma se basa en el carácter viciado de la transmisión (arts. 33 y 39 LH). En el mismo sentido, MEZQUITA DEL CACHO, J. L.: *loc. cit.*, 258-260 y 263-264.

aplicación de la doctrina del levantamiento del velo de las personas jurídicas, probada la coincidencia de intereses y actuación entre optataria/vendedora y adquirente pues el Consejero Delegado de ésta y el presidente del Consejo de Administración de aquélla eran la misma persona.

Para la segunda, el propio adquirente, además de admitir de manera explícita conocer plenamente el contenido del retracto, "incluso lo asume" al obligarse en el contrato de compraventa a abonar una cantidad en caso de que el titular no ejercitase el retracto.

VII. CONCLUSIONES

PRIMERA.- No ofrece el Ordenamiento jurídico común una respuesta al régimen de eficacia del retracto voluntario frente al adquirente del bien o derecho sobre el que recae, como consecuencia directa de la ausencia de regulación normativa –en contraste con la expresa previsión de los Derechos forales navarro y catalán– de la propia figura que, como equivalente convencional del retracto legal, concede a su titular la facultad de adquirir el bien o derecho de dicho adquirente pagando el precio y en iguales condiciones que éste abonó por aquél, así como, en su caso, los gastos previstos en el art. 1518 CC.

SEGUNDA.- La solución primaria a la cuestión planteada ha de venir determinada atendiendo a la naturaleza real o personal del retracto, cuestión que, si bien inicialmente dudosa por cuanto se trata de una figura encuadrada dentro de la más amplia y fronteriza categoría de los derechos de adquisición preferente, ha de resolverse a favor de su carácter real por tratarse de un derecho al que es esencial en su estructura y finalidad la eficacia *erga omnes*: su puesta en marcha viene ocasionada por la enajenación del bien o derecho sobre el que recae y su ejercicio se efectúa necesariamente frente al tercero adquirente, careciendo de significado e interés, además de resultar en principio inviable, la sustitución de dicha oponibilidad y la adquisición como efecto de su ejercicio por otros medios de reparación del crédito, singularmente la indemnización de daños y perjuicios.

Contrasta en este punto el retracto con otros derechos de adquisición convencionales, singularmente el tanteo y la opción, cuyo ejercicio ha de efectuarse de forma natural (y así ocurre ordinariamente) frente al concedente de los mismos y/o propietario del bien o derecho gravado, razón por la cual su oponibilidad a un tercero sólo se plantea excepcionalmente en caso de incumplimiento de sus obligaciones por dicho concedente/propietario, y cuya eficacia real es discutible si no van acompañados de otros elementos (retracto, inscripción registral o mala fe del adquirente).

TERCERA.- Como quiera que el conflicto planteado entre el retracto y la propiedad del tercer adquirente lo es entre derechos incompatibles de naturaleza real con plena similitud con el supuesto de doble venta resuelto por el art. 1473 CC, la primacía entre ambos derechos puede además decidirse acudiendo a las normas de éste, por lo que con carácter general y a falta de otros condicionantes, habrá de atenderse singularmente a la regla de cierre contenida en su último párrafo –la antigüedad del título– como principio cardinal de resolución, con la consiguiente oponibilidad del retracto al adquirente, resultando indistinta la concurrencia en éste de mala fe como conocimiento del retracto previo, a pesar de ser un criterio exigido adicionalmente de manera ocasional en la doctrina y la jurisprudencia.

CUARTA.- Sin embargo, la concesión al retracto voluntario de una eficacia absoluta e indiscriminada frente a cualquier adquirente del bien o derecho con base exclusivamente en su naturaleza real sin tomar en consideración otro criterio comporta una protección exorbitante a su titular injustificada desde el punto de vista de la seguridad jurídica, pues supone obviar un doble rasgo distintivo del retracto: por un lado, que se trata de un derecho que origina una perturbación o interferencia (aunque moderada) en el tráfico jurídico de bienes; de otro, nos encontramos ante un derecho desprovisto de publicidad posesoria o legal alguna.

Como consecuencia de ambos caracteres, ha de entrar en juego como criterio adicional de resolución la publicidad de los derechos sobre bienes proporcionada por los Registros públicos de titularidades, señaladamente el de la Propiedad inmobiliaria, sin que la inscripción del retracto en los mismos pueda ser considerada como requisito constitutivo de eficacia *erga omnes* del derecho como exigen cierto sector doctrinal y alguna resolución jurisprudencial, pues no existe, obviamente, en el Derecho común ningún precepto que la imponga y es, por el contrario, regla en nuestro sistema hipotecario el carácter meramente declarativo de la inscripción, aunque pueda entenderse ésta deseable por razones de seguridad jurídica a semejanza de la exigencia contenida en la regulación del Derecho catalán.

QUINTA.- En relación con lo anterior, la atipicidad de la figura en nuestro Derecho provoca asimismo la inexistencia de unas específicas exigencias legales sustantivas para la válida constitución del retracto con efectos reales, más allá de las derivadas de los requisitos generales de validez del negocio jurídico contenidas en los arts. 1261 y ss CC.

A pesar de ello, se han enunciado en ocasiones como tales una serie de requisitos y limitaciones referentes a la concreta determinación de la causa del derecho, a la manifestación de su oponibilidad y a la delimitación de su contenido en cuanto a su duración, objeto, enajenaciones cubiertas o plazo de ejercicio, en una confusa y errónea aplicación indiscriminada de las exigencias de acceso al Registro de la Propiedad de las nuevas preferencias adquisitivas de origen convencional derivadas del principio de especialidad consagrado en la normativa hipotecaria, sin deslindar de forma adecuada los planos sustantivo y registral de la cuestión; dichas exigencias han de ser en consecuencia rechazadas fuera los supuestos de inscripción registral del derecho en cuanto excedan las exigencias del Derecho sustantivo.

SEXTA.- Si bien la inscripción en el Registro de la Propiedad (y resto de Registros análogos sobre bienes) del retracto voluntario no posee un carácter constitutivo de éste y de su eficacia real en el Derecho común, la misma (o la de la titularidad del adquirente) ostenta una innegable influencia en la completa solución del problema suscitado, cuando aquél recaiga sobre un bien o derecho inscribible en alguno de ellos, con alteración parcial de la regla general de la eficacia del retracto frente al tercero adquirente, por aplicación de los principios hipotecarios generales de (in)oponibilidad de lo (no) inscrito y fe pública registral, consagrados en los arts. 32 y 34 LH y preceptos concordantes reguladores del resto de Registros.

SÉPTIMA.- Cuando el retracto ha accedido al Registro, aparte de contar con la legitimación conforme al art. 38 LH, queda fuera de toda duda su plena oponibilidad frente al adquirente por mor de lo dispuesto en el art. 32 LH (y normas equivalentes) y en el párrafo 2º del art. 1473 CC, imposibilitando así, en relación con ello, el juego la fe pública registral consagrada en el art. 34 LH en favor de aquél.

OCTAVA.- Cuando el retracto no haya sido inscrito por su titular, la preferencia entre aquél y la adquisición inscrita por el tercero ha de resolverse conforme a los principios de fe pública registral e inoponibilidad de lo no inscrito, por lo que el retracto no inscrito carecerá de eficacia frente al adquirente únicamente en caso de buena fe de éste, al exigir su concurrencia de forma expresa todos los preceptos en los que se plasman ambos principios, con excepción del art. 32 LH (si bien para éste se ha considerado requisito de aplicación de forma unánime por doctrina y jurisprudencia); por el contrario, el retracto operará frente a un adquirente de mala fe, aun cuando haya procedido a la inscripción de su adquisición.

La buena o mala fe del adquirente vendrá determinada *ex* art. 34 LH, respectivamente, por el desconocimiento o conocimiento de la realidad extrarregistral –la existencia del retracto previo– conforme a una diligencia media, por lo que dicho conocimiento del retracto por el adquirente inscrito se convierte en último término en el criterio decisivo para la exclusión de la oponibilidad por aplicación de los requisitos de las normas hipotecarias, pero sin que pueda convertirse indiscriminadamente en una exigencia adicional de oponibilidad.

NOVENA.- A pesar de las anteriores consideraciones, la investigación ofrece un resultado totalmente insatisfactorio, en especial en relación con unas heterogéneas, y en ocasiones contradictorias, doctrina registral y jurisprudencia en el tratamiento de la cuestión, que se encuentran lejos de enunciar unos criterios mínimamente definidos para la solución sistemática de los diferentes supuestos de hecho imaginables.

DÉCIMA.- En consecuencia, si no ineludible, se hace cuando menos deseable una previsión normativa expresa de la cuestión, como la que mayor trascendencia presenta desde el punto de vista jurídico, dentro de una más amplia regulación legal de las diferentes preferencias adquisitivas convencionales ya sea en el Código Civil o en ley especial, con determinación de un criterio y unos requisitos y limitaciones precisos de eficacia real del derecho.

En especial, se hace necesario el esclarecimiento legal del juego, como coordenadas de resolución, de dos reglas:

- La inscripción registral del derecho. Más concretamente, ha de resolverse si la misma adopta un carácter constitutivo de su existencia y eficacia real, como hacen la normativa catalana y la propuesta de reforma del CC elaborada por la Asociación de Profesores de Derecho Civil, lo que indudablemente repercutiría en la seguridad del tráfico jurídico, habida cuenta de la señalada falta de publicidad legal o posesoria del retracto.
- La buena fe/conocimiento del adquirente, en caso de estimarse meramente declarativa la constancia registral del retracto. En especial, sería conveniente un pronunciamiento expreso del Derecho positivo acerca de si su oponibilidad se hace depender en exclusiva del desconocimien-

to por el adquirente con independencia de la inscripción registral de la adquisición, con la consiguiente desaconsejable elevación del mismo a criterio esencial de solución y la alteración de las reglas generales de preferencia de los Derechos sustantivo e hipotecario.

VIII. BIBLIOGRAFÍA

- ALBÁCAR LÓPEZ, J. L.: "Artículos 1506 a 1525", en *Código civil. Doctrina y Jurisprudencia*, t. V, Trivium, Madrid, 1992, pp. 370-473.
- ALBALADEJO, M.: *Derecho Civil*, III: Derecho de bienes, Vol. 1º, 7ª ed., Bosch, Barcelona, 1991.
- ALIA NOMBELA, T.: "El tanteo como derecho real: legislación y práctica", en *Homenaje a Juan B. Vallet de Goytisolo*, vol. 4, Consejo General del Notariado, Madrid, 1988, pp. 99-138.
- AMAT LLARI, M. E.: "La teoría de la relatividad del contrato y sus excepciones (A propósito de la Ley 22/2001 de 31 de diciembre del Parlamento catalán de regulación de los derechos de superficie, de servidumbre y de adquisición voluntaria o preferente)", en CABANILLAS SÁNCHEZ, A. (coord.): *Estudios jurídicos en Homenaje al Profesor Luis Díez-Picazo*, Tomo II: Derecho Civil. Derecho de obligaciones, Civitas, Madrid, 2003, pp. 1275-1289.
- AMORÓS GUARDIOLA, M.: "Prohibición contractual de disponer y derecho de adquisición preferente (Comentario a la Sentencia del T.S. de 12 de noviembre de 1963)", en *Anuario de Derecho Civil*, vol. 18-4, 1965, pp. 953-988.
- AMORÓS GUARDIOLA, M.: *La teoría de la publicidad registral y su evolución*, Real Academia de Jurisprudencia y Legislación, Madrid, 1998.
- ARANDA RODRÍGUEZ, R.: "Retracto convencional: legitimación pasiva y ejercicio en las subastas judiciales. Analogías y diferencias entre compraventa y subasta judicial. Estudio a propósito de la sentencia del Tribunal Supremo de 3 de marzo de 1995", en *Anuario de Derecho Civil*, vol. 49-2, 1996, pp. 885-906.
- ARECHEDERRA ARANZADI, L. I.: "Los derechos de tanteo y retracto convencionales configurados con carácter personal", en *Revista de Derecho Privado*, 1980, pp. 123-136.
- ARECHEDERRA ARANZADI, L. I.: "Tanteo convencional y traspaso de negocio", en *Revista Crítica de Derecho Inmobiliario*, nº 536, 1980, pp. 17-40.
- BADENES GASSET, R.: *La preferencia adquisitiva en el Derecho español (tanteo, retracto, opción)*, Bosch, Barcelona, 1958.
- BARBER CÁRCAMO, R.: "La eficacia de los derechos reales patrimoniales", en *Anuario de Derecho Civil*, vol. 61-3, 2008, pp. 1217-1260.

- BERCOVITZ RODRÍGUEZ-CANO, A.: "Comentario al art. 1", en BERCOVITZ RODRÍGUEZ.CANO, A. y GARCÍA-CRUCES GONZÁLEZ, J. A. (dirs.): *Comentarios a la Ley de Marcas*, Tomo I, 2ª ed., Aranzadi, Pamplona, 2008, pp. 101-105.
- BOSCH CAPDEVILA, E.: *Opción, tanteo y retracto. La regulación catalana de los derechos voluntarios de adquisición*, Marcial Pons, Madrid, 2004.
- BOSCH CAPDEVILA, E.: "Derechos de adquisición preferente, tanteo y retracto (1) (2)", en LLAMAS POMBO, E. (coord.): *Estudios de derecho de obligaciones. Homenaje al Profesor Mariano Alonso Pérez*, vol. 1, La Ley, Madrid, 2006, pp. 225-244.
- BOSCH CAPDEVILA, E.: "El derecho de tanteo y retracto. Teoría general", en BOSCH CAPDEVILA, E., SÁNCHEZ GONZÁLEZ, M. P., BLANDINO GARRIDO, M. A., y BARRÓN ARNICHES, P., de (coords.): *Los derechos de adquisición*, Aranzadi, Pamplona, 2021, pp. 28-73.
- CÁMARA ÁGUILA, P.: "Los derechos reales de adquisición", en BERCOVITZ RODRÍGUEZ-CANO, R. (coord.): *Manual de Derecho Civil, Derechos Reales*, 5ª ed., Bercal, Madrid, 2015, pp. 415-423.
- CAMPO VILLEGAS, E.: "El tanteo y retracto estatutario en la propiedad horizontal", en *La Notaría*, nº 9, 1997, pp. 227-238.
- CARRASCO PERERA, A.: "¿Es posible o necesaria la inscripción en el Registro de Bienes Muebles para la constitución de prendas sobre acciones y participaciones sociales? Comentario a dos resoluciones de la DGRN", en *Aranzadi Civil*, nº 1, 2003, pp. 2055-2076.
- CASADO CERVIÑO, A.: "Principales principios inspiradores del moderno Derecho español de marcas", en *La Ley: Revista jurídica española de doctrina, jurisprudencia y bibliografía*, nº 2, 2004, pp. 1843-1847.
- CASTÁN TOBEÑAS, J.: *Derecho civil español, común y foral*, T. 2º: Derecho de cosas. Vol. 1º: Los derechos reales en general, el dominio, la posesión, 14ª ed., Reus, Madrid, 1992.
- CASTIÑEIRA JEREZ, J.: "Algunas consideraciones sobre la distinta configuración del derecho de opción como personal o real y la regulación de la pérdida del objeto en el Código Civil de Cataluña", en LLEBARÍA SAMPER, S. (coord.): *Un Codi per al Dret civil de Catalunya: idealisme o pragmatisme?: (estudis en commemoració del 50è aniversari de la Compilació)*, Bosch, Barcelona, 2011, pp. 305-342.
- CHICO ORTIZ, J. M.: *Estudios sobre Derecho hipotecario*, II, 4ª ed., Marcial Pons, Madrid, 2000.
- COCA PAYERAS, M.: *Tanteo y retracto, función social de la propiedad y competencia autonómica*, Real Colegio de España, Bolonia, 1988.
- COCA PAYERAS, M.: "Los derechos de adquisición preferente: tanteo y retracto", en *La Notaría*, nº 9-10, 2001, pp. 191-199.
- CUMELLA GAMINDE, A.: "Artículos 568-1 a 568-12", en *Derechos reales. Comentarios al libro V del Código civil de Cataluña*, Decanato Autonómico de los Registradores de Cataluña-Bosch, Barcelona, 2008, pp. 1662-1703.
- DE DIEGO, C.: *Instituciones de Derecho civil español*, Madrid, 1959.
- DE LA RICA Y ARENAL, R.: "El derecho de tanteo: su naturaleza. Posibilidad de inscripción. Título inscribible y circunstancias de la inscripción", en *Revista Crítica de Derecho Inmobiliario*, nº 534, 1979, pp. 1037-1050.

- DEL POZO, P., VAQUER ALOY, A. y BOSCH CAPDEVILA, E.: *Derecho civil de Cataluña. Derechos reales*, Marcial Pons, Madrid-Barcelona-Buenos Aires, 2012.
- DÍAZ VALES, F.: "El Registro de Bienes Muebles: bienes y derechos inscribibles según la doctrina de la Dirección General de los Registros y del Notariado", en *Revista de Derecho Privado*, nº 1, 2004, pp. 78-100.
- DÍEZ-PICAZO, L.: "Autonomía privada y derechos reales", en *Revista Crítica de Derecho Inmobiliario*, nº 513, 1976, pp. 273-306.
- DÍEZ-PICAZO, L.: *Fundamentos del Derecho civil patrimonial*, vol. III: Derechos reales, Civitas, Madrid, 1993.
- DÍEZ-PICAZO, L. y GULLÓN, A.: *Sistema de Derecho Civil*, Vol. III (Tomo 1): Derechos Reales en general. Posesión. Propiedad. El Registro de la Propiedad, 10ª ed., Tecnos, Madrid, 2019.
- DÍEZ-PICAZO, L. y GULLÓN, A.: *Sistema de Derecho Civil*, Vol. III (Tomo 2): Derechos Reales en particular, 10ª ed., Tecnos, Madrid, 2019.
- DÍEZ SOTO, C. M.: "Notas sobre la nueva regulación de los derechos de adquisición preferente de origen voluntario en la Ley catalana 22/2001, de 31 de diciembre", en CABANILLAS SÁNCHEZ, A. (coord.): *Estudios jurídicos en Homenaje al Profesor Luis Díez-Picazo*, Tomo II: Derecho Civil. Derecho de obligaciones, Civitas, Madrid, 2003, pp. 1697-1730.
- DÍEZ SOTO, C. M.: "Comentario al art. 1507", en BERCOVITZ RODRÍGUEZ-CANO, R. (dir.): *Comentarios al Código Civil*, Tomo VIII, Tirant lo Blanch, Valencia, 2013, pp. 10663-10683.
- DORAL GARCÍA, J. A.: "Comentario a las Leyes 460 a 462", en ALBALADEJO, M. (dir.): *Comentarios al Código Civil y Compilaciones Forales*, Tomo XXXVIII-Vol. 1º. Leyes 346 a 487 de la Compilación o Fuero Nuevo de Navarra, Edersa, Madrid, 2002.
- ESTRUCH ESTRUCH, J.: *Los derechos de adquisición preferente regulados en la Ley de arrendamientos rústicos y en la Ley de arrendamientos rústicos históricos*, Editorial Práctica de Derecho, Valencia, 1996.
- FELIÚ REY, M. I.: *El tanteo convencional*, Civitas, Madrid, 1997.
- FLORES GONZÁLEZ, B.: "Concepto de tanteo y retracto en el Derecho Civil Común", en *Revista Crítica de Derecho Inmobiliario*, nº 745, 2014, pp. 2117-2189.
- GARCÍA-AMIGO, M.: "Derechos reales de adquisición (notas para una teoría general)", en *Revista de Derecho Privado*, 1976, pp. 99-131.
- GARCÍA CANTERO, G.: "Comentario a los arts. 1445 a 1541 CC", en ALBALADEJO, M. (dir.): *Comentarios al Código Civil y Compilaciones Forales*, Tomo XIX, 2ª ed., Edersa, Madrid, 1991.
- GARCÍA GARCÍA, J. M.: *Derecho inmobiliario registral o hipotecario*, tomo III, Civitas, Madrid, 2002.
- GARCÍA SOLÉ, F. y GÓMEZ GÁLLIGO, F. J.: *Derecho de los bienes muebles. Financiación y garantías en la contratación mobiliaria*, 2ª ed., Marcial Pons, Madrid, 2020.
- GAVIDIA SÁNCHEZ, J. V.: "Derecho no inscrito de adquisición preferente. Identificación del tipo, eficacia frente a terceros y relatividad de los contratos", en *Cuadernos Civitas de Jurisprudencia Civil*, nº 24, 1990, pp. 1115-1142.

- GETE-ALONSO CALERA, C.: "Art. 43", en BERCOVITZ RODRÍGUEZ-CANO, R. (coord.): *Comentarios a la Ley de Propiedad Intelectual*, 4ª ed., Tecnos, Madrid, 2017, pp. 861-889.
- GONZÁLEZ BUENO, C.: "Comentario al art. 46", en GONZÁLEZ BUENO, C. (coord.): *Comentarios a la Ley y al Reglamento de Marcas*, Civitas, Madrid, 2003, pp. 451-474.
- GONZÁLEZ PACANOWSKA, I.: "Retracto de origen voluntario", en *Homenaje al prof. Juan Roca Juan*, Universidad de Murcia, Murcia, 1989, pp. 321-344.
- GUIJO GÓMEZ, J. M.: "El Registro de la Propiedad Intelectual como instrumento de protección de los derechos de autor", en SERRANO GÓMEZ, E. (coord.): *El Registro de la Propiedad Intelectual*, Reus, Madrid, 2008, pp. 41-63.
- IGLESIA MONJE, DE LA, M. I.: *El derecho de retracto convencional (estudio de la doctrina de la jurisprudencia del Tribunal Supremo, de la jurisprudencia menor y de las resoluciones de la Dirección General de los Registros y del Notariado)*, Lex Nova, Valladolid, 2002.
- LACRUZ BERDEJO, J. L.: *Elementos de Derecho Civil*, tomo III, vol. I-I, 2ª ed., Bosch, Barcelona, 1988.
- LACRUZ BERDEJO, J. L. (y otros): *Elementos de Derecho Civil*, III-vol. 2º, 3ª ed. (revisada y puesta al día por LUNA SERRANO, A.), Dykinson, Madrid, 2009, pp. 341 y ss.
- LOBATO, M.: *Comentario a la Ley 17/2001, de Marcas*, Civitas, Madrid, 2002.
- LÓPEZ MARTÍNEZ, M.: "Sobre la posibilidad de inscribir las cargas sobre acciones y participaciones en el Registro de Bienes Muebles (Comentarios a las Resoluciones de la Dirección General de los Registros y del Notariado de 12 de julio de 2002 y 29 de enero de 2003), en *Actualidad Civil*, nº 37, 2003, pp. 1023-1031.
- LÓPEZ MAZA, S.: *Prohibiciones de disponer: cuestiones generales y alguna que otra particular*, Aranzadi, Pamplona, 2019.
- MARÍN LÓPEZ, J. J.: "La eficacia del tanteo convencional", en *Aranzadi Civil*, nº 1, 2005, pp. 2273-2288.
- MARÍN LÓPEZ, J. J.: "SENTENCIA DE 13 DE MAYO DE 2009: Retracto voluntario: distinción del retracto convencional y del retracto legal. Calificación del derecho de retracto voluntario como derecho real; eficacia frente a terceros y oponibilidad del retracto voluntario no inscrito en el Registro de la Propiedad", en *Cuadernos Civitas de Jurisprudencia Civil*, nº 82, 2010, pp. 379-408.
- MARTÍNEZ DE AGUIRRE Y ALDAZ, C.: "Hacia la consagración jurisprudencial de los derechos reales de adquisición preferente (Comentario a la Sentencia de 3 de abril de 1981)", en *Anuario de Derecho Civil*, vol. 36-1, 1983, pp. 299-311.
- MARTÍNEZ GARCÍA, M. A.: "Los derechos de tanteo y retracto en la Ley 22/2001 de la Generalitat de Catalunya: aspectos prácticos", en *La Notaría*, nº 9-10 (1), 2003, pp. 71-84.
- MÁS BADÍA, M. D.: "Los derechos reales de adquisición de constitución voluntaria: una propuesta de regulación sistemática en el Código civil", en *Revista Crítica de Derecho Inmobiliario*, nº 777, 2020, pp. 127-191.
- MATEO SANZ, J. B.: *El retracto convencional. Relación jurídica y derecho subjetivo*, Dykinson, Madrid, 2000.

- MEDINA SÁNCHEZ, R.: *El retracto convencional y el retracto voluntario*, Tesis doctoral inédita, Universidad Complutense de Madrid, Madrid, 1990.
- MEZQUITA DEL CACHO, J. L.: "El pacto de opción y el derecho que origina", en *Revista Crítica de Derecho Inmobiliario*, nº 275, 1951, pp. 257-279.
- MONSERRAT VALERO, A.: "Los derechos voluntarios de adquisición en el Código civil de Cataluña: clases y funcionamiento", en *Anuario de Derecho Civil*, vol. 63-3, 2010, pp. 1125-1218.
- MORALEJO IMBERNÓN, N.: "El Registro de la Propiedad Intelectual", en *Pe. i: Revista de propiedad intelectual*, nº 26, 2007, pp. 13-76.
- MORALEJO IMBERNÓN, N.: "El Registro de la Propiedad inmobiliaria", en BERCOVITZ RODRÍGUEZ-CANO, R. (coord.): *Manual de Derecho Civil. Derechos Reales*, 5ª ed., Bercal, Madrid, 2015, pp. 131-146.
- NÚÑEZ LAGOS, R.: "Tercero y fraude en el Registro de la Propiedad", en *Revista General de Legislación y Jurisprudencia*, Tomo XIX, 1950, pp. 563 y ss.
- O'CALLAGHAN, X.: *Compendio de Derecho Civil*: Tomo 2 (Obligaciones y Contratos), vol. 1, 4ª ed., Edersa, Madrid, 2004.
- ORTEGA DOMÉNECH, J.: "Objeto, funciones y características del Registro de la Propiedad Intelectual", en SERRANO GÓMEZ, E. (coord.): *El Registro de la Propiedad Intelectual*, Reus, Madrid, 2008, pp. 65-105.
- PAU PEDRÓN, A.: "El nuevo régimen de la publicidad mobiliaria", en *Anales de la Real Academia de Jurisprudencia y Legislación*, nº 32, 2002, pp. 529-560.
- PEÑA BERNALDO DE QUIRÓS, M.: *Derechos reales. Derecho Hipotecario*, Tomo II, 4ª ed., Centro de Estudios Registrales, Madrid, 2001.
- PÉREZ ÁLVAREZ, M. A.: "Los derechos reales de adquisición", en DE PABLO CONTRERAS, P. (coord.): *Curso de Derecho Civil (III). Derechos reales*, 2ª ed., Colex, Madrid, 2008, pp. 639 y ss.
- PÉREZ TROYA, A.: "La transmisión de derechos de propiedad industrial. Especial consideración de su aportación a la empresa", en *Anuario de la Facultad de Derecho de la Universidad de Alcalá*, 2008, pp. 251-272.
- PUIG BRUTAU, J.: *Fundamentos de Derecho civil*, III, Bosch, Barcelona, 1983.
- RAMS ALBESA, J.: "El Registro de la Propiedad Intelectual", en SERRANO GÓMEZ, E. (coord.): *El Registro de la Propiedad Intelectual*, Reus, Madrid, 2008, pp. 23-40.
- RAMS RAMOS, L.: "Aspectos administrativos en la evolución del Registro General de Propiedad Intelectual como mecanismo de protección", en *Revista Crítica de Derecho Inmobiliario*, nº 686, 2004, pp. 2799-2822.
- RIAZA MATEO, N.: *Los retractos: errores dominantes acerca de la materia*, Reus, Madrid, 1919.
- RIVERA SABATÉS, V.: *El retracto convencional*, Comares, Granada, 2001.
- ROCA-SASTRE, R. M. y ROCA-SASTRE MUNCUNILL, L.: *Derecho Hipotecario*, III, 7ª ed., Bosch, Barcelona, 1979.
- ROCA-SASTRE, R. M., ROCA-SASTRE MUNCUNILL, L. y BERNÁ I XIRGO, J.: *Derecho Hipotecario*, III, Vol. 2º, 9ª ed., Bosch, Barcelona, 2008.
- RUBIO TORRANO, E.: "3 de marzo de 1995. Retracto convencional. Derecho real o personal. Acceso al Registro de la Propiedad de un derecho real. Alcance de

la falta de plazo para su caracterización como derecho real", en *Cuadernos Civitas de Jurisprudencia Civil*, nº 38, 1995, pp. 795-802.

- SANCIÑENA ASURMENDI, C.: *La opción de compra*, Dykinson, Madrid, 2003.
- SANTOS BRIZ, J.: "Derechos reales de adquisición o de preferencia en la práctica jurídica española", en *Revista de Derecho Privado*, vol. 55-4, 1971, pp. 337-377.
- SANTOS BRIZ, J.: *Derecho civil. Teoría y práctica*, II, Edersa, Madrid, 1972.
- SERRANO DE NICOLÁS, A.: "Los derechos reales a los 130 años de vigencia del Código Civil", en *Diario La Ley*, nº 9497, 14 octubre 2019.
- TALMA CHARLES, J.: *El contrato de opción*, Bosch, Barcelona, 1996.
- TALMA CHARLES, J.: "La adquisición preferente: análisis de su replanteamiento sistemático", en *Aranzadi Civil*, nº 2, 2006, pp. 2097-2121.
- VALLET DE GOYTISOLO, J. B.: *Estudio sobre derecho de cosas*, Montecorvo, Madrid, 1973.
- VÁZQUEZ DE CASTRO, E.: *La publicidad registral en el tráfico de bienes muebles*, Civitas, Madrid, 2013.

IX. RESOLUCIONES JUDICIALES Y DE LA DGRN/ DGSJFP

Tribunal Supremo

- STS 7 mayo 1927 (*CLJC*, T. 175, pp. 85 y ss).
- STS 17 noviembre 1931 (*RJ* 1931/2260).
- STS 13 diciembre 1958 (*RJ* 1958/4047).
- STS 12 noviembre 1963 (*RJ* 1963/4468).
- STS 30 abril 1964 (*RJ* 1964/2167).
- STS 21 junio 1966 (*RJ* 1966/3183).
- STS 6 marzo 1971 (*RJ* 1971/1225).
- STS 16 febrero 1973 (*RJ* 1973/476).
- STS 24 noviembre 1978 (*RJ* 1978/3640).
- STS 3 abril 1981 (*RJ* 1981/1477).
- STS 24 abril 1982 (*RJ* 1982/2591).
- STS 30 abril 1985 (*RJ* 1985/2004).
- STS 7 diciembre 1987 (*RJ* 1987/9280).
- STS 27 marzo 1989 (*RJ* 1989/2200).
- STS 24 octubre 1990 (*RJ* 1990/8045).
- STS 6 febrero 1991 (*RJ* 1991/1148).
- STS 25 abril 1992 (*RJ* 1992/3413).
- STS 20 mayo 1992 (*RJ* 1992/4915).
- STS 27 junio 1992 (*RJ* 1992/5561).
- STS 19 noviembre 1993 (*RJ* 1993/9174).
- STS 9 febrero 1994 (*RJ* 1994/839).
- STS 25 marzo 1994 (RJ 1994/2535).
- STS 25 abril 1994 (*RJ* 1994/3223).
- STS 3 marzo 1995 (*RJ* 1995/1776).
- STS 18 mayo 1995 (*RJ* 1995/3928).
- STS 13 febrero 1997 (*RJ* 1997/944).
- STS 20 julio 1998 (*RJ* 1998/6603).
- STS (Sala 3ª) 24 febrero 2000 (*RJ* 2000/2888).
- STS (Sala 3ª) 31 enero 2001 (*RJ* 2001/1083).

- STS 27 noviembre 2001 (*RJ* 2001/9529).
- STS 22 septiembre 2003 (*RJ* 2003/6430).
- STS 16 diciembre 2004 (*RJ* 2004/8213).
- STS 29 abril 2005 (*RJ* 2005/4548).
- STS 25 mayo 2006 (*RJ* 2006/3120).
- STS 17 octubre 2006 (*RJ* 2006/8993).
- STS 27 febrero 2008 (*RJ* 2008/3050).
- STS 22 abril 2008 (*RJ* 2008/1995).
- STS 15 octubre 2008 (*RJ* 2008/6915).
- STS 22 diciembre 2008 (*RJ* 2009/538).
- STS 13 mayo 2009 (*RJ* 2009/4744).
- STS 25 junio 2010 (*RJ* 2010/5415).
- STS 24 febrero 2010 (*RJ* 2010/1403).
- STS 10 diciembre 2013 (*RJ* 2013/8403).
- STS 16 enero 2017 (*RJ* 2017/23).
- STS 9 marzo 2021 (*RJ* 2021/968).
- ATS 28 noviembre 2018 (*JUR* 2018/325171*)*.

Tribunales Superiores de Justicia
- STSJ Cataluña 3 octubre 2013 (*RJ* 2014/515).

Audiencias Provinciales
- SAP Alicante 22 mayo 2001 (*AC* 2001/2401).
- SAP Asturias 6 marzo 2002 (*JUR* 2002/127482).
- SAP Barcelona 17 diciembre 2004 (*JUR* 2005/32135).
- SAP Asturias 19 diciembre 2006 (*JUR 2007/28045).*
- SAP Las Palmas 26 marzo 2008 (*JUR* 2008/163424).
- SAP Málaga 3 diciembre 2008 (*JUR* 2009/201553).
- SAP Barcelona 18 marzo 2009 (*JUR* 2009/379114).
- SAP Barcelona 3 noviembre 2009 (*AC* 2010/180).
- SAP Sevilla 1 junio 2010 (*AC* 2010/1495).
- SAP Navarra 1 julio 2010 (*JUR* 2011/19431).
- SAP Barcelona 1 diciembre 2010 (*AC* 2011/183).
- SAP Valencia 13 julio 2011 (*AC* 2011/1534).
- SAP Barcelona 22 diciembre 2011 (*JUR 2012/139308).*
- SAP Pontevedra 10 marzo 2014 (*AC* 2014/1597).
- SAP Madrid 6 junio 2016 (*AC* 2016/1209).
- SAP Burgos 22 junio 2016 (*JUR* 2016\195395).
- SAP Alicante 3 julio 2017 (*AC* 2017/1245).
- SAP Málaga 12 julio 2017 (*AC* 2017/2013).
- SAP Cantabria 13 diciembre 2017 (*AC* 2018/559).
- SAP Alicante 3 junio 2019 (*JUR* 2020/66942).
- SAP Asturias 25 febrero 2020 (*JUR* 2020/110738).
- SAP La Coruña 13 octubre 2020 (*JUR* 2020/367478).
- SAP Vizcaya 20 julio 2021 (*JUR* 2021/370484).

- AAP Guipúzcoa 28 septiembre 2018 (*AC* 2019/82).

DGRN/DGSJFP

- RDGRN 20 marzo 1911 (*Roca-Sastre/Molina: Jurisprudencia registral,* IV, 1906-1916, pp. 642 y ss).
- RDGRN 8 abril 1914 (*CLJC*, T. 130, pp. 79 y ss).
- RDGRN 4 enero 1927 (*CLJC*, T. 173, pp. 41 y ss).
- RDGRN 27 marzo 1947 (*RJ* 1947/440).
- RDGRN 20 septiembre 1966 (*RJ* 1966/4020).
- RDGRN 19 septiembre 1974 (*RJ* 1974/5051).
- RDGRN 30 enero 1980 (*RJ* 1980/220).
- RDGRN 17 enero 1989 (*RJ* 1989/186).
- RDGRN 24 julio 1995 (*RJ* 1995/5582).
- RDGRN 27 diciembre 1996 (*RJ* 1996/9386).
- RDGRN 6 marzo 2001 (*RJ* 2002/2172).
- RDGRN 19 febrero 2002 (*RJ* 2002/4141).
- RDGRN 24 enero 2005 (*RJ* 2005/1796).
- RDGRN 15 octubre 2013 (*RJ* 2013/7849).
- RDGRN 10 abril 2014 (*RJ* 2014/2381).
- RDGRN 18 febrero 2016 (*RJ* 2016/2981).
- RDGRN 27 abril 2017 (*RJ* 2017/1890).
- RDGRN 26 abril 2019 (*RJ* 2019/1989).
- RDGSJFP 23 noviembre 2020 (*RJ* 2020/5499).
- RDGSJFP 4 mayo 2022 (*RJ* 2022/2510).

COLECCIÓN DE MONOGRAFÍAS DE DERECHO CIVIL

Dirección de D. Mariano Yzquierdo Tolsada

I. PERSONA Y FAMILIA

- I.1. El mantenimiento de la familia en las situaciones de crisis matrimonial (2002). Yolanda B. Bustos Moreno
- I.2. Mediación familiar. Prevención y alternativa al litigio en los conflictos familiares (2003). Lucía García García
- I.3. Aspectos civiles de la sustración internacional de menores. Problemas de aplicación del Convenio de la Haya de 25 de octubre 1980 (2003). Blanca Gómez Bengoechea
- I.4. Masas patrimoniales en la sociedad de gananciales. Transmisión de su titularidad y gestión entre los cónyuges (2004). Montserrat Pereña Vicente
- I.5. La adopción internacional en el derecho español (2004). María Aránzazu Calzadilla Medina
- I.6. Cohabitación y matrimonio (la experiencia escocesa) (2007). Luis Arechederra
- I.7. Derecho a la identidad y filiación: Búsqueda de orígenes en adopción internacional y en otros supuestos de filiación transfronteriza (2007). Blanca Gómez Bengoechea
- I.8. Autonomía, libertad y testamentos vitales (2009). Ana Isabel Berrocal Lanzarot y José Carlos Abellán Salort
- I.9. La protección de los derechos del menor de edad frente a los contenidos discriminatorios por razón de género en los medios de comunicación (2012). M.a Carmen Núñez Zorrilla
- I.10. La autorización al tratamiento de información personal en la contratación de bienes y servicios (2012). M.a Rosa Llácer Matacás
- I.11. Tratamiento legal de las filiaciones no biológicas en el ordenamiento jurídico español: adopción "versus" técnicas de reproducción humana asistida (2013). Daniela Jarufe Contreras
- I.12. La verdad biológica en la determinación de la filiación. Maricela Gonzáles Pérez de Castro
- I.13. Autorregulación de la crisis de pareja. (Una aproximación desde el Derecho civil catalán) (2013). Gemma Rubio Gimeno
- I.14. Los mecanismos de guarda legal de las personas con discapacidad tras la Convención de Naciones Unidas (2013). Sofía de Salas Murillo
- I.15. La asistencia. La medida de protección de la persona con discapacidad psíquica alternativa al procedimiento judicial de incapacitación (2014). Mª Carmen Núñez Zorrilla
- I.16. El régimen de participación en las ganancias desde una perspectiva europea (Atención especial a la reciente modificación del Derecho catalán) (2014) Susana Navas Navarro
- I.17. Derecho de relación entre los hijos y el progenitor no custodio tras el divorcio (2014). Marcela Acuña San Martín
- I.18. Litigios internacionales sobre difamación y derechos de la personalidad (2015). Clara Isabel Cordero Álvarez
- I.19. El protocolo familiar *mortis causa* (2015). Tatiana Cucurull Poblet
- I.20. Los reconocimientos de complacencia en el Derecho Común español (2017). Ana Silvia Gallo Vélez
- I.21. Realidad, ilusión y delirio en el derecho de filiación (2017). Luis Arechederra
- I.22. La guarda de hecho (2017). Patricia A. Lescano Feria
- 1.23. Una aproximación a la representación voluntaria desde sus límites institucionales (2019). Roncesvalles Barber Cárcamo
- 1.24. Matrimonio civil y libertad religiosa en España (2020). Luis Arechederra
- 1.25. El allegado (2021). Mª Isabel de la Iglesia Monje
- 1.26. La responsabilidad ganancial frente al acreedor por la actuación conyugal individual (2022). Alberto Fabar Carnero
- 1.27. Nuevo paradigma en el ejercicio de la capacidad jurídica: apoyos voluntarios a las personas con discapacidad (2022).Alba Paños Pérez

II. OBLIGACIONES Y CONTRATOS

- II.1. La rendición de cuentas en el Código civil con especial examen en la tutela (2003). Eva M.a Martínez Gallego
- II.2. La opción de compra (2003). Camino Sanciñena Asurmendi

II.3. Evicción parcial en la compraventa en el Código Civil Español (2004). María Martínez Martínez
II.4. El contrato para persona a designar. Nuevas perspectivas (2004). Mónica Navarro Michel
II.5. Relajación formal de la donación (2004). Margarita Isabel Poveda Bernal
II.6. El nuevo regimen legal de saneamiento en la venta de bienes de consumo (2005). Margarita Castilla Barea
II.7. La cláusula penal ante la armonización del derecho contractual europeo (2009). Germán de Castro Vítores
II.8. La usura: evolución histórica y patológica de los intereses (2011). Francisco Javier Jiménez Muñoz
II.9. El contrato para persona por designar y la cláusula de reserva de nombrar (2011). Agustín Luna Serrano
II.10. La dación en pago en Derecho español y en Derecho comparado (2012). M.a Raquel Belinchón Romo.
II.11. Cuestiones sobre la compraventa en el Código Civil. Principios europeos y Draft (2012). María del Carmen Gómez Laplaza.
II.12. El contrato de transporte aéreo de pasajeros: sujetos, estatuto y responsabilidad. Un análisis de la jurisprudencia española (2013). Belén Ferrer Tapia
II.13. La alteración sobrevenida de las circunstancias contractuales. Manuel García Caracuel (2014)
II.14. La Cesión de Creditos (2014). Carlos Cuadro Pérez
II.15. Derechos y deberes de los consumidores en los hoteles (2015). Paula Castaños Castro
II.16. Del consumidor informado al consumidor real. El futuro del Derecho de Consumo europeo (2016). Teresa Hualde Manso
II.17. La compraventa con pacto de supervivencia (2016). Fernando García-Mom Quirós
II.18. El contrato de vitalicio en el Derecho Civil gallego (2016). Ángel Manuel Mariño De Andrés
II.19. Cesión de finca a cambio de edificación futura (2017). Concepción Gema Contreras Del Llano
II.20. Relaciones contractuales de la cadena alimentaria: estudio desde el análisis económico del Derecho (2019).Teresa Rodríguez Cachón
II.21. Responsabilidad extracontractual del estado frente a los particulares por incumplimiento judicial del derecho europeo (2020). Carmen Muñoz García

III. RESPONSABILIDAD CIVIL

III.1. Sistema de Responsabilidad Civil contractual y extracontractual (2001). Mariano Yzquierdo Tolsada
III.2. Responsabilidad civil: Los «otros perjudicados» (2002). Miguel Gómez Perals
III.3. El aseguramiento de la responsabilidad civil por daños al medio ambiente (2002). José Ignacio Hebrero Álvarez
III.4. Daños corporales y Carta Magna. Repercusión de la doctrina constitucional sobre el funcionamiento del sistema valorativo (2003). Mariano Medina Crespo
III.5. La culpa de la víctima en la producción del daño extracontractual (2003). María Medina Alcoz
III.6. La asunción del riesgo por parte de la víctima. Riesgos taurinos y deportivos (2004). María Medina Alcoz
III.7. Nuevas formas de gestión hospitalaria y responsabilidad patrimonial de la Administración (2004). Pedro Rodríguez López
III.8. Responsabilidad del promotor por daños en la edificación (2004). Miguel Gómez Perals
III.9. El riesgo de desarrollo: un supuesto paradójico de la responsabilidad por productos (2005). Ramiro José Prieto Molinero
III.10. La reparación del daño en forma específica. El puesto que ocupa entre los medios de tutela del perjudicado (2013). Paloma Tapia Gutiérrez
III.11. La responsabilidad civil en el ámbito de la cirugía estética (2016). Vanesa Arbesú González

IV. PROPIEDAD Y DERECHOS REALES

IV.1. Vías pecuarias y propiedad privada (2002). M.a Ángeles Parra Lucán
IV.2. La posesión mediata e inmediata (2002). Cristina Fuenteseca
IV.3. La división de la cosa común en el Código Civil (3.a ed., 2006). José M.a Abella Rubio

- IV.4. La normativa posesoria de la liquidación y su generalización (2005). Miguel L. Lacruz Mantecón
- IV.5. Propiedad Horizontal: Sujetos obligados a la contribución de los gastos generales (2006). Carmen Muñoz García
- IV.6. El Derecho de propiedad privada en los bienes de interés cultural (2006). Luis A. Anguita Villanueva
- IV.7. La inmatriculación por título público (2006). Margarita Herrero Oviedo
- IV.8. Aspectos críticos en la estructura de la hipoteca inmobiliaria (2006). Rosa M.a Anguita Ríos
- IV.9. La ocupación imposible. Historia y régimen jurídico de los inmuebles mostrencos (2011). Miguel L. Lacruz Mantecón
- IV.10. Derechos de vuelo y subsuelo. Doctrina registral y jurisprudencial (2011). José Arturo Matheu Delgado
- IV.11. El embargo y la titularidad de los bienes embargados (2012). José Antonio García Vila
- IV.12. Régimen jurídico civil de los animales de compañía (2014). Cristina Gil Membrado
- IV.13. Titularidad de los montes (2017). Sofía de Salas Murillo
- IV.14. La propiedad horizontal de hecho (2019). Maria Pilar Morgado Freige
- IV.15 Retos del derecho civil. Derecho a la vivienda ampliar imagen (2022). Ana Lambea Rueda
- IV.16. La eficacia frente a terceros del retracto voluntario (2022). Fernando Díaz Vales

V. DERECHO DE SUCESIONES

- V.1. El legado alternativo (2003). Carlos Cuadrado Pérez
- V.2. El cónyuge supérstite en la sucesión intestada (2003). Marta Pérez Escolar
- V.3. La Cautela gualdense o Socini y el artículo 820.3.° del Código Civil (2004). Luis Felipe Ragel Sánchez
- V.4. Seguro de vida y derecho de sucesiones (2005). María del Pino Acosta Mérida
- V.5. Los derechos sucesorios del cónyuge viudo en la nulidad, la separación y el divorcio (2006). Mª Ángeles Fernández González-Regueral
- V.6. El principio *Nemo pro parte testatus pro parte intestatus decedere potest.* Evolución y significado (2006). Esteve Bosch Capdevila
- V.7. La Sucesión «Mortis Causa» de los Títulos Nobiliarios. Incluye jurisprudencia actualizada (1978-2006) (2007). Manuel de Peralta y Carrasco
- V.8. Ser Heredero. Una defensa del criterio subjetivo (2009). Jesús Ignacio Fernández Domingo
- V.9. La sustitución fideocomisaria sobre la legítima estricta en presencia de incapacitados (2010). María Teresa Martín Meléndez
- V.10. El derecho de acrecer entre cohereededos (2011). Laura Zumaquero Gil
- V.11. El legado de la legítma estricta en el derecho común español (2012). Juan C. Menéndez Mato
- V.12. El largo camino hacia la libertad de testar (2012). Aurelio Barrio Gallardo
- V.13 La sucesión nobiliaria (2013). Marcial Martelo de la Maza García
- V.14. La compatibilidad jurídica entre el derecho del estado en la sucesión intestada y como titular de bienes vacantes (2013). Belén del Pozo Sierra
- V.15. La preferencia de los acreedores del causante (2013). Carmen Piedad Pita Broncano
- V.16. La partición realizada por contador partidor testamentario (2014). Manuel Espejo Ruiz

VI. TEORÍA GENERAL DE LA NORMA

- VI.1. La irretroactividad: Problemática general (2006). Beatriz Verdera Izquierdo

GRACIAS POR CONFIAR EN NUESTRAS PUBLICACIONES

Al comprar este libro le damos la posibilidad de consultar gratuitamente la versión ebook.

Cómo acceder al ebook:

- **Entre en nuestra página web,** sección Acceso ebook (www.dykinson.com/acceso_ebook)
- **Rellene el formulario** que encontrará insertando el código de acceso que le facilitamos a continuación así como los datos con los que quiere consultar el libro en el futuro (correo electrónico y contraseña de acceso).
- Si ya es **cliente registrado**, deberá introducir su **correo electrónico y contraseña habitual.**
- Una vez registrado, **acceda a la sección Mis e-books de su cuenta de cliente**, donde encontrará la versión electrónica de esta obra ya desbloqueada para su uso.
- Para consultar el libro en el futuro, ya sólo es necesario que se identifique en nuestra web con su correo electrónico y su contraseña, y que se dirija a la sección Mis ebooks de su cuenta de cliente.

CÓDIGO DE ACCESO

DYK067762

Rasque para ver el código

Nota importante: Sólo está permitido el uso individual y privado de este código de acceso. Está prohibida la puesta a disposición de esta obra a una comunidad de usuarios.